KB038869

21세기 패자는 중국인가

DOES THE 21st CENTURY BELONG TO CHINA

이 도서의 국립중앙도서관 출판시도서목록은 e-CIP홈페이지(http://www.nl.go.kr/ecip)와
국가자료공동목록시스템(http://www.nl.go.kr/kolisnet)에서 이용하실 수 있습니다. (CIP제
어번호: CIP2012002463)

21세기 패자는 중국인가

세계적 석학 4인의 대논쟁

헨리 키신저
파리드 자카리아
니얼 퍼거슨
데이비드 리

백계문 옮김

한울
아카데미

옮긴이의 글

'멍크 디베이트(Munk Debates)'는 캐나다의 금광 재벌 피터 멍크(Peter Munk)에 의해 설립된 '오리아 재단(Aurea Foundation)'이 2008년부터 캐나다의 토론토에서 연 2회 개최하는 글로벌 공공 이슈를 둘러싼 대토론회로, 매번 국제적으로 큰 주목을 받아왔다. 세계 정상급 논객 4명이 2명씩 2개 조로 나뉘어 일종의 토론 배틀(battle)을 벌이는데, 배틀에 들어가기 직전과 직후에 청중 투표가 실시된다.

2011년 6월 17일 개최된 제7차 '디베이트'는 논제가 크리티컬(critical)한데다 참가 논객의 면면이 쟁쟁했던 까닭에 특히 주목을 받았다. "21세기는 중국의 것일까?(Does the 21st Century Belongs to China)"라는 논제에 대해 사전 투표에서는 찬성과 반대가 각각 39%와 40%, 모르겠다가 21%였는데, 디베이트가

끝난 직후의 투표에서는 찬성 38%, 반대 62%였다. 키신저
(Henry Kissinger, 전 미국 국무장관)와 자카리아(Fareed Zakaria) 조
(組)가 이긴 것이다.

키신저의 논변은 이 '디베이트'에서 강력한 설득력을 발휘했
다. 그는 중국이 21세기의 패자가 될 수 없는 근거로, 중국은 경
제적 대변화에 수반되는 정치적 적응(확대된 중산층의 정치적 요
구들을 어떻게 처리하느냐의 문제)이라는 대난제(大難題)를 해결하
는 데 온 정신을 쏟아야 하기 때문에 세계를 지배하는 데 많은
시간과 노력을 쏟을 수 없다는 것을 들었다. 그렇다면 중국과
미국의 양 대국이 지배하는 것이냐 하면, 그보다는 세계의 다극
화 추세를 강조하면서, 예를 들어 인도 같은 몇몇 큰 나라들도
영향력을 행사할 것이라고 했다.

자카리아도 키신저와 마찬가지로 현존 정치체제를 중국의
가장 큰 문제점으로 지적했다. 특히 여전히 방대한 규모의 농민
층을 대변할 정치세력이 존재하지 않는다고 지적한 대목은 인
상적이다. 사실 중국이 맞붙어 끙끙 씨름해야 할 또 하나의 대
난제가 — 옮긴이가 보기에 — 세계 최고 수준의 빈부격차 문제(특
히 대다수 농민층의 가난과 소외 문제)이기 때문이다.

그렇기는 하나, 2008년 세계 금융위기 이전의 중국과 이후의

중국은 완전히 다르다는 퍼거슨의 지적은 계발적이었다. 금융 위기 이전의 중국은 미국이나 캐나다 같은 선진국 시장을 놓고 다른 신흥국들과 경쟁하는 나라였다. 그러나 금융위기를 여유 있게 빠져나오면서 중국은 이제 더 이상 그들과 경쟁하는 나라가 아니라 그들이 의존해야 할 시장, 전 세계의 시장이 되었다는 것이다. 뿐만 아니라 중국 경제는 이제 값싼 노동력에만 의존하는 경제가 아니고 혁신(innovation)과 교육(education)의 두 측면에서 선진국들을 빠른 속도로 추격하고 있다는 것도 새로웠다. 퍼거슨에 의하면 신규 특허 취득 건수에서 중국이 거의 독일을 따라잡고 있고, 또 최근의 OECD 조사에 의하면 상하이 지역 15세 학생들이 수학에서 평균 600점을 얻어 세계 최고를 기록했다는 것이다.

이 책을 읽는 독자는 흥미진진한 시간을 보낼 것이다. 시대적 이슈에 대한 높은 수준의 통찰들이 관전자의 머리를 소쇄(瀟灑)하게 해주는 바가 있고 또 논변을 주고받는 솜씨를 보는 짜릿한 즐거움도 있다. 감히 일독을 권해드린다.

2012년 5월

옮긴이 백계문

서 문

우리는 2011년 6월 17일 저녁, 토론토의 로이 톰슨 홀(Roy Thomson Hall)에서 제7차 '멍크 디베이트(Munk Debates)'를 개최했다. 2,700석의 톰슨 홀은 청중으로 가득 찼고, 수천 명이 온라인을 통해 이 쟁론(爭論)을 지켜봤다. 시작한 지 불과 3년 만에 캐나다 전역에서는 물론 해외에서도 광범위한 주목을 받게 된 이 이벤트의 전개에 내가 일익을 담당한 것은 정말이지 짜릿한 일이었다.

3년 전 이 '디베이트'를 기획할 때 우리의 의도는 세계 최고의 지성들을 토론토에 초빙하여 세계가 당면한 몇몇 핵심 문제와 씨름하게 하자는 것이었고, 우리의 목적은 캐나다 국민의 이익을 위해 그러한 문제들에 대한 토론의 질을 가능한 한 높이는데 있었다. 그리고 우리는 지금까지 그 의도와 목적을 달성해왔다고 감히 말할 수 있는데, 그것은 '오리아 재단(Aurea Foundation)' 이사회의 노고 덕분이고, 특히 그리피스(Rudyard Griffiths)의 비전과 관리에 힘입은 바 크다는 것을 말씀드리고 싶다. 그리피스는 6월 17일 다시 한 번 이 디베이트의 주최인 겸 사회자 역할을 수행해주었다.

나는 세계 최고급 사상가들이 서로 다른 의견을 갖고 있다면 그들을 초청하여 우리들을 상대로 이야기하게 할 때 최고도의 명석(明晳)을 얻을 수 있다고 믿어왔다. 이때 시대적 난제를 올바로 짚은 다음 그것에 대해 토론을 벌이는 것으로 부족할 것은 없다. 그러나 토론회(討論會)보다는 쟁론회(爭論會)를 벌이는 것이 더 낫다. 왜냐하면 어떤 사물이든 다양한 각도로 살펴볼 때 더 잘 알 수 있는 것이고, 그것은 '이 세상'이라는 것에 대해서도 마찬가지이기 때문이다.

폭넓고 심오한 사상가들로 하여금 그들이 알고 있는 것보다 더 많은 것을 우리에게 들려주도록 자극할 수 있는 어떤 틀이 있다면, 우리는 그 틀을 활용함으로써 '최고도의 명석'을 얻을 수 있을 것이다. 우리가 살고 있는 이 시대에 대해 이런저런 이야기를 나누는 것과, 어떤 사상을 제기하고 그것을 방어하는 사

람(들)이 똑같이 폭넓고 심오한 논적(들)에 의해 도전을 받는 것
— 이 두 가지는 차원(次元)을 달리 한다. 그리고 6월 17일 밤 톰
슨 홀에 모인 쟁론자들이 한 일은 후자에 해당된다. 주제는 중
국에 대한 것이었다. 전통적으로 서방(西方)에 거주한 우리들의
주된 관심 대상 지역은 근동(近東)이었고, 거기에는 충분한 이유
가 있었다. 그러나 최근의 20년은 우리로 하여금 원동(遠東)에
관심을 돌리도록 강요하고 있다. 중국이 갑자기 부상하면서 세
계 경제와 정치에서 중요한 역할을 하기 시작했다. 물론 중국이
마술처럼 등장한 것은 아니다. 중국의 성장은 1978년에 이 나
라가 시장경제를 채택함으로써 시작되었다. 그 같은 전환을 고
려한다 하더라도, 중국이 1990년대 초까지 연평균 10%의 경제
성장률을 기록한 것은 정상적이기보다는 비정상적이고 현실적
이기보다는 비현실적인 것이 아닌가 하는 것이 많은 사람들의
생각이었다. 사람들은 중국의 경제력을 다시 보게 되었고, 특히
유럽과 미국의 경제력이 저하되고 있던 시기에 중국의 경제력
이 상승함으로써 중국의 정치적 파워가 수직 상승했다. 이 '디
베이트'는 중국이 그와 같은 모멘텀(momentum)을 앞으로도 유
지할 수 있을 것인가, 그리하여 21세기에 최강자의 지위를 확보
할 수 있을 것인가를 판정하기 위한 회합이다.

다행히 우리는 이 주제에 대해 세상에서 가장 현명한 말씀을 해줄 수 있는 사람들을 모실 수 있었다. 그 첫 번째는 내가 감히 소개하기도 힘든 분, 헨리 키신저(Henry Kissinger) 박사이다. 박사님은 우리들에게 초청에 응하시는 은전을 베푸셨다. 박사님에 대해 독자들이 이미 알고 있는 것 외에 내가 말할 수 있는 것은 거의 없다. 이 분은 총명한 역사학도이자 역사학 교수에 그치지 않는다. 이 분으로 말하자면 역사를 만든 분이라 해야 할 것이다. 우리는 이 분이 닉슨 행정부의 국무장관으로서 중국을 서방에 개방하는 데 어떤 역할을 했는지 잘 알고 있다. 키신저 박사는 국제무대에서의 비상한 성취로 인해 1973년 노벨 평화상을 수상했고, 1977년에는 미국 대통령 훈장을 받았다.

우리는 그날 밤 역사(history)의 한 조각을 지켜보고 있었다고 할 수 있다. 나는 키신저 박사가 공개 논전에 한 번도 참여한 적이 없다는 것을 잘 알고 있다. 따라서 이것은 '멍크 디베이트'에 참석한 우리 모두에게 흔치 않은 아주 영광스러운 기회라 아니할 수 없을 것이다. 박사님은 최근 저서 『헨리 키신저의 중국 이야기(On China)』를 출간한 직후 이 쟁론회에 참가했는데, 이 논제와 관련하여 기본적으로는 반대 입장을 취했다.

국제적으로 부상하고 있는 젊은 스타 자카리아(Fareed Zakaria) 박사가 키신저 박사의 우군이다. 국제문제에 대한 CNN의 간판 프로그램 <Fareed Zakaria: GPS>의 진행자로서의 자카리아 박사를 기억하는 독자가 아마 많을 것이다. 그는 불과 28세의 나이에 ≪폴린 어페어(Foreign Affairs)≫의 편집자가 되는 영광을 맛봤고, ≪뉴스위크(Newsweek)≫로 옮긴 뒤로는 "The Politics of Rage: Why Do They Hate Us?"(2001.10)를 포함한 많은 논문을 써 수상의 영예를 안았다. 또한 미국의 ≪폴린 폴리시(Foreign Policy)≫의 무임소 편집자를 역임했고, 『자유의 미래: 오늘의 민주주의 무엇이 문제인가?(The Future of Freedom: Illiberal Democracy at Home and Abroad)』와 『흔들리는 세계의 축: 포스트 아메리칸 월드(The Post-American World: Release 2.0)』 등 많은 베스트셀러를 냈으며, 2011년에는 중국 원자바오 총리와의 인터뷰로 에미상 후보군(群)에 이름을 올리기도 했고, 미국의 ≪폴린 폴리시≫에 의해 '현존하는 100대 사상가'의 한 사람으로 선정되기도 했다.

한편 퍼거슨(Niall Ferguson) 교수는 이 논제에 대해 찬성자로 나왔는데, 이 분은 2008년의 제1회 '멍크 디베이트'에 참가해 주신 분이기도 하다. 퍼거슨 교수는 하버드 대학교의 저명한 경제사학자일 뿐 아니라 많은 베스트셀러의 저자이기도 하다. 금년 11월에는 『시빌라이제이션: 서양과 나머지 세계(The Civiliza-tion: The West and the Rest)』라는 제목의 신간을 낼 예정이다.

퍼거슨 교수는 세계 경제에 대한 자신의 견해를 다수의 청중이 알아듣게 하는 데 뛰어난 능력을 갖고 있다. 경제성장을 추동하는 핵심 요인들에 관한 충분한 이해를 토대로 그는 중국이 세계 최고의 지위에 오르는 데 필요한 모든 것을 갖고 있다는 논리를 폈다. 덧붙이자면, 그가 키신저 박사의 공식 전기 작가라는 사실이 이날 밤의 디베이트를 더욱 흥미진진하게 만들었다.

우리는 퍼거슨 교수와 같은 입장에 있는 분으로 리(David Daokui Li) 박사를 초청했다. 리 박사는 중국을 세계 경제의 발전소로 만든 요인이 어떤 것들인가를 잘 알고 있을 뿐 아니라 중국에 대한 독특한 관점과 개인적인 지식들을 갖고 있다. '문화대혁명' 때 부모가 하방(下放)을 당한 결과 그는 쓰촨성에서 어린 시절을 보냈다. 그는 어려운 환경을 이겨내고 마침내 하버드 대학교에서 경제학 박사학위를 취득했고, 현재는 미국과 중국의 많은 대학에서 후학을 가르치고 있다. 현재 칭화대학(淸華大學) 경관학원(經管學院) 산하 '중국과 세계경제 연구센터(中國與世界經濟研究中心)'의 소장으로 있다. 또한 베이징 시 인민대표의 한 사람이고, 중국중앙은행 화폐정책위원회의 학계 대표

3인 가운데 한 명이며, 다보스 세계경제포럼(World Economic Forum)의 멤버이기도 하다.

　나는 여러분이 활자 매체를 통해서도 그날의 흥미진진했던 몇 시간을 충분히 즐길 수 있을 것으로 확신한다.

2011년 7월

'오리아 재단' 설립자

피터 멍크(Peter Munk)

차 례

디베이트

21세기는 중국의 것일까?

[찬성]   [반대]

니얼 퍼거슨   헨리 키신저

vs.

데이비드 리   파리드 자카리아

2011년 6월 17일 / 토론토(캐나다)

그리피스   캐나다 토론토의 로이 톰슨 홀에 와주신 신사 숙녀 여러분, 안녕하세요? 우리는 중국에 대한 '멍크 디베이트'를 지켜보기 위해 이 자리에 모였습니다. 저는 패트릭 루시아니(Patrick Luciani)와 함께 이 '멍크 디베이트'를 조직한 러드야드 그리피스(Rudyard Griffiths)입니다. 영광스럽게도 다시 이 디베이트의 사회를 맡게 되었습니다.

먼저, 인터넷의 글로브앤메일닷컴(globeandmail.com)과 멍크 디베이츠닷컴(munkdebates.com)을 통해 실시간으로 이 디베이트를 시청하고 계신 수천 명의 네티즌들께 환영한다는 말씀을 드립니다. 여러분이 함께 해주셔서 대단히 기쁘게 생각합니다. 그리고 ABC(Australian Broadcasting Corporation, 호주방송) 방송을 시청하고 계신 호주 국민들, C-SPAN을 시청하고 계신 미국 국민들, PDO(People's Daily Online)를 시청하고 계신 중국 국민들께, 그리고 영국의 ≪파이낸셜 타임스≫ 및 ≪차이나 컨피덴셜≫과 제휴 관계에 있는 우리 국제 매체를 통해 이 디베이트를 시청하고 계신 전 세계 수백만 명의 시청자 여러분께도 따뜻한 환영 인사를 드립니다.

또한 캐나다 전역의 시청자 여러분께, 특히 CBC 라디오의 <아이디어스(Ideas)> 프로그램과 CPAC(Canadian Public Affairs Channel), 그리고 제가 진행을 맡고 있는 일일 TV쇼 <비즈니스 뉴스 네트워크>를 듣거나 보고 계신 여러분께도 인사를 드립니다. 감사합니다. 그리고 마지막으로 바로 여기, '멍크 디베이트'가 재차 개최된 톰슨 홀을 찾아 2,700개 좌석을 남김없이 메워주신 여러분께 따뜻한 환영 인사를 드립니다.

이 프로젝트의 관계자 일동은, 예를 들어 캐나다를 변화시키고 세계를 변화시킬 커다란 지정학적 이슈를 놓고 쟁론을 벌이는 것 같은 진귀한 무대를 대중에게 제공하겠다는 기본 취지가 여러분의 큰 호응을 받고 있는 것에 대해 감사하고 있습니다. 지금까지 이 프로젝트는 성공적이었고 또 세계 최고의 사상가들을 토론토에 초빙할 수 있었는데, 이것은 두 분의 창의적 인도주의와 관대함이 없었다면 가능하지 않았을 것입니다. 여러분, '멍크 디베이트'의 공동 설립자이신 피터 멍크(Peter Munk)와 멜라니 멍크(Melanie Munk)를 소개합니다. 뜨거운 박수 부탁합니다. 두 분, 브라보! 우리는 이 프로젝트를 계속 발전시켜갈 것입니다!

이제 우리 모두가 기다려온 순간입니다. 이번 디베이트의 논제는 이것입니다.

"21세기는 중국의 것일까?"

이 주제를 놓고 논쟁해주십시오. 자, 이제 무대 중앙을 주시하십시오. 네 분의 쟁론자입니다. "그렇다, 21세기는 중국의 것이다"라는 입장에 있는 니얼 퍼거슨(Niall Ferguson)과 데이비드 리(David Li), 두 분에게 우레와 같은 박수를 부탁합니다. 그리고 그들의 강력한 논적, 파리드 자카리아(Fareed Zakaria)와 헨리 키신저(Henry Kissinger) 박사님입니다. 두 분도 뜨거운 박수로 맞이합시다.

퍼거슨 교수는 '멍크 디베이트'에 친숙한 사람들에게는 잘 알려져 있습니다. 2008년의 제1회 디베이트 때 그와 크라우트

해머(Charles Krauthammer)는 "공화당 대통령 덕분에 세계는 더 안전한가?"라는 논제를 놓고 싸워 현 국가안전보장회의 멤버인 사만다 파워(Samantha Power)와 고(故) 리차드 홀브루크(Richard Holbrooke)를 패퇴시킨 바 있습니다. 그때의 토론 열기는 참 대단했지요. 퍼거슨 교수는 그때 이후 다시 『금융의 지배: 세계 금융사 이야기(The Ascent of Money: A Finacial History of the World)』와 『시빌라이제이션: 서양과 나머지 세계(The Civilization: The West and the Rest)』라는 두 권의 책을 자신의 국제적인 베스트셀러 목록에 추가시켰습니다. 그는 옥스퍼드대, 하버드대, 런던정경대(LSE) 등 세계 유수 대학의 명예교수직을 갖고 있습니다. 신사 숙녀 여러분, 퍼거슨 교수를 소개합니다.

다음 참가자는 중국의 베이징에서 오신 분으로, 칭화대학(淸華大學) 경관학원(經管學院) 산하 '중국과 세계경제 연구센터(中國與世界經濟研究中心)'의 데이비드 리 소장입니다. 그의 개인사는 중국이 지나온 궤적과 여러 면에서 일치하고 있습니다. 그의 가족은 '문화대혁명' 때문에 시골에 내려가 살아야 했는데 당시 불과 네 살의 어린아이였지만 그는 그 때를 선명하게 기억하고 있습니다. 그로부터 28년이 지난 후 하버드대에서 박사학위를 받았습니다. 그리고 현재는 중국중앙은행 화폐정책자문위원회의 학계 대표 3인 가운데 한 사람입니다. 그가 중국 사상계를 이끄는 신세대 대표 주자 가운데 한 분이라는 것을 보여주는 것이 있습니다. 경제학자라는 사람이 중국판 트위터에서 300만 명 이상의 팔로워를 갖고 있다는 사실입니다.

파리드 자카리아를 알고 있는 캐나다 국민이 많습니다. 그는 CNN의 국제문제 프로그램 <파리드 자카리아: GPS>의 진행자이고 또 사실 그 프로그램의 추진력 그 자체이기도 합니다. 그는 또 ≪타임≫에 칼럼을 쓰고 있고 그 무임소 편집자이기도 합니다. 또한 ≪워싱턴 포스트≫에 기고도 하고 있습니다. 그는 국제적으로도 유명한 책들인 『자유의 미래: 오늘의 민주주의 무엇이 문제인가?(The Future of Freedom: Illiberal Democracy at Home and Abroad)』와 최근 수정판을 낸 『흔들리는 세계의 축: 포스트 아메리칸 월드(Post-American World: Release 2.0)』의 저자이기도 합니다. 여러분이 이 디베이트를 통해서도 알게 되겠지만, 자카리아 씨는 미국이 이 세계에서 어떤 역할을 수행해야 하는가에 대해 그리고 국제적 강국의 부상이 어떤 효과가 있을 것인가에 대해 오늘날 미국에서 가장 사려 깊고 도발적인 사색들을 내놓고 있는 학자 가운데 한 사람입니다. 자카리아 씨, 당신을 만나게 되어 기쁩니다.

오늘 디베이트의 마지막 참가자는 지난 반세기 동안 국제무대에서 중심적인 역할을 수행해온 분입니다. 그는 노벨 평화상을 수상했고 또 미국의 대통령 훈장을 수여받았습니다. '문화대혁명'에 의해 동떨어진 중국이 국제사회에 복귀하는 데에서 그가 수행한 남다른 역할을 생각할 때 그는 오늘 이곳의 우리들에게 중국의 부상에 대한 해석을 들려줄 수 있는 유일한 사람이 아닐까 합니다. 동시에 중국 문제든 다른 어떤 문제에 대해서든 간에 지금까지 그가 공개 토론회에 등장한 적이 한 번도 없는 만큼 지금 그는 또 다시 역사를 쓰고 있습니다. 신사 숙녀 여러분 미국의 제56대 국무장관 헨리 키신저 박사를 소개합니다!

자, 이번에는 오늘의 디베이트가 어떤 방식으로 진행될 것인지에 대해 간략하게 설명하겠습니다. 먼저 쟁론자들은 각각 6분간에 걸쳐 논제에 대한 찬반을 밝히는 오프닝 스피치를 행합니다. 이어서 서로의 관점과 의견들에 대해 교차 논쟁을 벌입니다. 마지막으로 청중과의 대화가 있습니다. 청중석 질문자 중에는 저명인사가 포함될 것이고 또 '멍크 국제문제학교(Munk School of Global Affairs)'의 학생들도 포함될 것입니다. 뿐만 아니라 우리 디베이트의 웹사이트에 올라온 질문들 및 페이스북이나 트위터에 올라온 많은 질문 가운데에서도 선택하여 토론대에 올리도록 하겠습니다.

자, 논쟁을 시작하기 전의 청중 투표 결과는 어떻게 나왔나요? 우리 청중들은 21세기는 중국의 것이라고 믿고 있나요? 결과를 보니 재밌습니다. 39%가 그럴 것이라고 믿고 있고, 40%는 그렇지 않을 것이라고 믿고 있습니다. 그런데 21%나 되는 분들이 모르겠다고 답했으니, 결론의 향방은 이 분들이 결정짓겠군요.

퍼거슨 씨, 논쟁을 시작합시다.

니얼 퍼거슨 수고하셨습니다, 그리피스 씨. 신사 숙녀 여러분, 안녕하세요? 저는 21세기는 중국의 것이 될 것으로 믿습니다. 왜냐하면 지난 대부분의 세기가 중국의 것이었기 때문입니다. 19세기와 20세기는 예외의 세기들이었습니다. 지난 스무 번의 세기 가운데 열여덟 번의 세기에서 중국은 2위와 차이를 보이는 세계 제1의 경제대국이었습니다.

인구통계학과 경제학 이야기부터 시작할까요? 중국은 하나의 나라라기보다 대륙에 가깝습니다. 인류의 4분의 1이 이곳에 살고 있는데, 이는 캐나다의 40배에 달하는 숫자입니다. 만약 중국이 유럽처럼 조직된다면 그 땅에는 90개의 국민국가가 존재하게 될 것입니다. 오늘날 중국에는 600만 명 이상의 인구를 가진 도시가 11개나 있습니다. 유럽에는 그런 도시가 딱 한 개 있을 뿐입니다. 바로 런던입니다. 그리고 유럽에는 인구가 600만 명도 안 되는 나라가 11개나 존재합니다. 지난 30년 동안 중국의 경제는 매년 거의 10%씩 성장했고, 최근 국제통화기금(IMF)은 앞으로 5년이 지나면 중국 경제가 세계 최대가 될 것으로 전망했습니다. 제조업에서는 이미 미국을 앞질렀고 또 자동차 시장에서도 이미 미국을 추월했습니다. 아마 앞으로 수년 내 중국의 자동차 수요는 10배로 증가할 것입니다. 또 2035년이 되면 전 세계 에너지의 5분의 1을 중국이 소비하고 있을 것입니다. 중국은 지금까지 외국의 직접투자에 의존해왔으나, 오늘날 중국의 외환보유액은 3조 달러에 달하고 중국의 국부펀드(sovereign fund)는 2,000억 달러의 자산 가치를 갖고 있습니다. 이제 중국은 어엿한 '투자국'이 되어 있지요.

무엇보다 인상적인 것은 혁신(innovation)과 교육(education)의 두 측면에서 중국이 다른 나라들을 따라잡고 있다는 사실입니다. 신규 특허의 취득 건수에서 거의 독일을 따라잡고 있으며,

OECD의 최근 조사에 의하면, 상하이 지역 15세 학생들은 수학에서 평균 600점을 얻어 세계 최고를 기록했습니다. 미국의 학생들은 487점을 얻어 세계 25위를 기록했고요. 캐나다 학생들은 527점을 얻었다 하니 여러분은 아마 기분이 좋을 것입니다. 그러나 그것은 미국보다는 분명 나은 점수지만, 충분한 점수는 아닙니다.

신사 숙녀 여러분, 전기 작가가 그 주인공을 공박한다는 것은 마음 편한 일이 아닙니다. 제임스 보즈웰(James Boswell, 1740~1795)*이 존슨 박사를 공박하지 않을 수 없었던 대목이 생각나는군요. 그러므로 저는 상대를 직접 자극하는 방식을 피할 생각입니다. 바꿔 말하면 키신저 박사님과 자카리아 씨가 그 탓을 자신에게 돌릴 수 없는 성격의 이유들 때문에 잘못된 입장에 빠져 있다는 것을 보여주려 합니다. 우선 키신저 박사가 중국에 대해 최근에 쓴 책에 나오는 다음 구절, 즉 "중국이 미국과 대등한 지위를 추구하는 것은 더 이상 약자의 과분한 요구가 아니다. 그것은 금융적·경제적 역량의 뒷받침을 받으며 거의 현실

---

* 영국의 전기 작가로, 그가 쓴 『존슨전(傳)』은 전기 문학의 걸작으로 일컬어지고 있음. __ 옮긴이

이 되었다"라는 구절을 상기시키고 싶습니다. 또는 자카리아 씨의 뛰어난 저서 『흔들리는 세계의 축』에 나오는 "중국의 규모에 견주어 보면 미국은 왜소하게까지 보인다. 그리고 중국은 성공을 갈구하고 있다"라는 구절도 상기시키고 싶습니다.

중국의 경제적 도전은 동시에 미국의 헤게모니에 대한 도전이기도 하다는 데에 이 두 지정학 사상가의 의견이 일치한다는 것은 아주 큰 의미를 갖고 있습니다. 다시 한 번 키신저 박사가 "미국이 중국을 봉쇄할 목적으로 아시아를 재구성한다거나 이데올로기적 성전을 수행할 목적으로 민주 국가들의 블록을 창출할 계획을 수립한다면 그러한 계획은 성공할 가능성이 낮다"고 한 말씀을 상기시키고 싶습니다. 박사는 결론부에 썼듯이 평화적 공진화(共進化)를 바라고 계십니다. 박사는 100년 전 신흥 독일이 영국의 패권에 도전했을 때 전개되었던 상황이 반복되지나 않을까 걱정하셨습니다.

그런데 저에게는 중국의 부상만이 문제가 아닙니다. 21세기를 중국이 지배할 것인가의 대답은 궁극적으로 서방(the West)의 쇠락에서 찾아야 합니다. 사람들이 분에 넘치게 빌려 쓴 것 때문에, 그리고 도박이나 다름없는 일들에 보조금을 준 것 때문에 금융위기가 일어났습니다. 미국 연방 채무의 상한선을 놓고 민주·공화 양당이 러시안 룰렛 게임을 벌이고 있는 것은 정치적 위기를 나타내는 좋은 예라 할 것입니다. 위너라는 미국의 하원의원이 벌거벗은 자신의 상반신을 찍은 사진을 포르노 배우를 포함한 잡다한 여자들에게 무차별 발송한 사건을 아시지요? 이 믿기 어려운 사건은 이 시대의 도덕적 위기를 극명하게 드러냈습니다. 21세기가 중국의 것이 되리라는 것은 ─ 고장 난 유럽 때문임은 말할 것도 없고 ─ 바로 몸무게가 너무 나가는 미국, 레버리지를 과도하게 사용하는 미국, 성욕(性慾)이 지나치게 강한 미국이 내리막길을 가고 있기 때문입니다.

40년 전 리처드 닉슨 대통령은 "어떤 그럴듯한 통치 시스템이 저 본토를 지배한다고 가만히 한번 생각해보시오. 그러면 어떤 일이 벌어질까요? 맙소사! 그런 나라를 컨트롤할 수 있는 나라는 이 지구상에 …… 내 분명히 말하건대, 8억에 달하는 중국인들이 괜찮은 시스템하에 놓인다면 그들은 분명 이 세계를 주도하게 될 거요"라고, 그 누구보다도 빨리 요점을 파악한 바 있습니다. 저는 1972년에 중·미(中美) 관계를 다시 연 닉슨 행정부의 업적에 경의를 표합니다. 그리고 그 사업에 헨리 키신저보다 더 큰 기여를 한 인물은 없습니다. 그런즉, 제가 여러분에게 요청하는 것은 그 분에게 반대표를 던지라는 것이 아니라 그 분

자신의 분석을 지지하는 표를 던져달라는 것입니다. 그리고 누구든 그 분의 분석을 그대로 따른다면 응당 오늘의 논제에 '예스'라고 답하지 않을 수 없습니다. 따라서 여러분도 '예스'라고 답해주시기 바랍니다.

그리피스　다음으로, 파리드 자카리아 씨의 오프닝 스피치가 있겠습니다.

파리드 자카리아　대단히 고맙습니다. 그렇지만 퍼거슨 교수의 말씀을 따르기는 어렵군요. 이 디베이트에서의 제 역할은 디베이트 참가자의 평균 연령을 낮추는 데 있는 것 같습니다만, 저 때문에 평균 아이큐(IQ)가 낮아지는 것은 아닐까 하는 걱정이 드네요. 부탁컨대 참고 들어주시기 바랍니다. 그리고 제가 잘못을 범할 시 키신저 박사님이 모두 바로잡아주실 것입니다. 우선 박사님의 전기 작가를 공격하는 것부터 시작할 것인데요, 공격에 잘못이 있을 경우 그것도 바라건대 박사님께서 바로잡아주실 것입니다.

　저는 사실 이 디베이트에 박사님과 나란히 선다는 것이 부담스러웠습니다. 왜냐하면 박사님은 전설적인 천재이니까요. 하지만 쟁론의 한 부분을 형성하는 것은 상대편의 말에 귀를 기울이는 것입니다. 제가 박사님에 대해서 들은 이야기가 있습니다. 박사님 같은 분은 우리 언론인들이 말하는 "(진술의__옮긴이) 사실 여부를 체크하기에는 너무 큰" 그런 인물에 속합니다. 저도 그런 인물에 대해서는 사실 여부를 체크하지 않습니다. 제가 들은 이야기는 이런 것입니다. 키신저 박사는 다 알다시피 독일식 악센트가 아주 심한 것으로 유명합니다. 심지어 이 분의 독일인 친구가 "그의 독일어에도 악센트가 있지"라는 말을 했다는 이야기도 있습니다. 박사님에게는 형님이 한 분 있는데 그 분은 독일식 악센트가 전혀 없는, 깨끗한 미국식 영어를 구사합니다. 그래서 어떤 사람이 그 분에게 왜 두 사람이 그렇게 다른가 하고 물었답니다. 그랬더니 형님이 말씀하시길, "그거야 간단하지. 헨리는 남의 말을 듣지 않거든……".

　저는 중국에 대해 세 가지를 지적하고 싶습니다. 중국은 21세기 중에 패권국이 되지 못할 것입니다. 21세기는 중국의 것이 되지 못할 것입니다. 그것은 경제적·정치적·지정학적인 세 가지 요인 때문입니다. 첫째, 경제적 요인 때문입니다. 우리가 지난 수십 년간을 지내오면서 깨달은 것 가운데 하나는 그 어떤 것도 일직선상으로 뻗어나갈 수 없다는 것입니다. 지금 중국이 세계를 물려받을 것처럼 보입니다. 그러나 한때는 일본이 그렇게 보였지요. 당시 일본은 세계 제2위의 경제대국이었고, 앞으로 세계는 일본의 것이 될 것이라는 수많은 이야기가 떠돌았습니다. 우리 모두 스시를 먹게 될 것이라고들 이야기했습니다. 맞습니다. 지금 우리는 모두 스시를 먹고 있습니다. 그러나 그 예언 말고 적중한 것이 얼마나 있나요, 별로 없지 않습니까?

사실 이른바 아시아의 호랑이 나라들도 20년 내지 25년에 걸쳐 대략 9%의 비율로 성장했습니다. 그리고 나서는 6% 내지 5%로 떨어졌습니다. 제가 중국이 파멸할 것이라는 예언을 하고 있는 것은 아닙니다. 중국도 초기에는 높은 성장률을 기록하다가 어떤 시점에 가면 그 비율이 떨어지기 시작한다는 일반 법칙을 따를 것이라는 이야기를 하고 있을 뿐입니다. 다만 중국은 너무나 큰 나라이기 때문에 그 시점이 다른 나라들보다 더 늦게 올 수는 있습니다.

게다가 중국의 시스템에는 거대한 비효율성이 뿌리내리고 있다는 점도 지적할 필요가 있습니다. 중국은 엄청난 자산 버블을 안고 있습니다. 중국의 성장은 대단히 비효율적입니다. 중국의 대외 투자는 그 1개월분이 거의 인도의 1년분에 해당하지만 중국의 성장률은 인도보다 겨우 2% 높을 뿐입니다. 바꿔 말하면 중국의 성장을 그 질에 주목해서 본다면 생각만큼 인상적인 것이 못 됩니다. 그것은 8차선 도로와 공항과 고속철을 전국 도처에 그 수를 헤아릴 수도 없이 건설하는 것에 의해 이뤄진 성장으로, 만약 관점을 바꿔 투자 수익의 관점에서 그것들을 살펴본다면 경탄은 실망으로 바뀔 겁니다.

최근 공표된 UN 조사보고서는 다음 4반세기 중 중국의 인구가 크게 감소할 것이라고 전망했습니다. 약 4억 명이 감소할 것이라 했습니다. 인류 역사상 패권국의 인구가 감소한 사례는 하나도 없습니다. 그런 일은 있을 수 없지요. 인구가 감소하는 나라에 어떤 일이 일어나는가를 보고 싶다면 일본을 보세요. 일본이 지금 얼마나 강력한 나라인지, 여러분 각자 속으로 자문해보시기 바랍니다.

그리고 중국이 세계 제1의 경제대국이라 하더라도 그 경제 관련 수치들은 이른바 '구매력평가(PPP)'라 불리는 것을 바탕으로 한 것들입니다. 예를 들어 베이징에서의 이발비는 토론토에서의 이발비보다 낮기 때문에 중국의 GDP는 부풀게 됩니다. 그러나 국제적인 힘은 이발비에 의존하는 것이 아닙니다. 그것은 대외 원조나 석유, 대외 투자, 항공모함의 수 같은 것들에 의존하는 것이지요. 그리고 이 모든 것들이 가능하기 위해서는 실질 화폐, 즉 경화가 필요합니다. 그런데 경제 관련 수치들에는 이런 것들 간의 차이가 거의 반영되어 있지 않습니다.

중국이 진짜 세계 제1의 경제대국이 되었다고 합시다. 그 중국에 세계를 주도하는 데 필요한 리더십 역량이 있을까요? 지난 수십 년 동안 일본이 세계 제2위 경제대국의 위치를 차지해 왔지만 저는 일본이 세계 패권을 설계하는 것을 본 적이 없습니다. 그런 종류의 리더십을 행사할 수 있기 위해서는 정치적 역량이 필요합니다. 이 주제와 관련해서는 키신저 박사님의 더 많은 말씀이 있겠지만, 여기서 저는 중국은 지금 위기에 처한 정치 시스템에 의해 통치되고 있다는 것을 지적하겠습니다.

중국의 미래가 현재의 모습을 이어갈 것인가의 여부는 불확실합니다. 중국에 중산층이 창출되었을 때 정부가 무엇을 할 것인가, 중산층의 제(諸) 기대에 어떻게 대응할 것인가 하는 근본 문제에 대해 중국은 아직 방침을 정하지 못하고 있습니다. 타이완은 유사한 과정을 밟은 결과 결국 민주 국가로 바뀌었습니다. 한국도 유사한 과정을 밟은 결과 결국 민주 국가로 바뀌었고요. 그러한 이행 과정은 쉬운 일이 아니었습니다. 그 과정에 상당한 유혈과 무질서가 있었지요. 그리고 중국은, 퍼거슨 교수의 말씀처럼, 매우 큰 나라이고 아주 복잡한 나라입니다. 중국의 (민주주의__옮긴이) 이행 과정에서 빚어질 수 있는 정치적 불안정, 사회적 불안정이 어떤 것일지 한 번 상상해보시기 바랍니다.

마지막으로 중국의 지정학에 관해서, 물론 이 주제 역시 키신저 박사님의 영역이겠습니다만, 저도 한 말씀을 드리겠습니다. 사람들은 아시아의 흥기에 대한 이야기를 하기 좋아합니다. 저는 인도에서 자랐는데요, 아시아란 것은 존재하지 않습니다. 중국이 있고, 일본이 있고, 인도가 있을 뿐입니다. 이 나라들은 서로 닮은 점이 많지 않아요. 그리고 중국이 흥기함에 따라 인도나 일본에서도, 인도네시아나 베트남이나 한국에서도, 대응하는 움직임이 힘차게 일어날 것입니다. 우리는 이미 그러한 모습들을 보고 있습니다. 중국은 진공 속에서 일어나고 있는 것이 아닙니다. 아주 많은 경쟁자들로 둘러싸인 땅덩어리에서 일어나고 있는 것입니다.

그리피스　이제 리 소장님의 차례입니다.

데이비드 리　신사 숙녀 여러분, 안녕하세요? 저는 중국 출신으로, 대단히 불리한 입장에 있습니다. 왜냐하면 중국의 문화는 논쟁을 존중하지 않는 문화이고, 특히 나이 많으신 현인들과 논쟁한다는 것은 절대 좋은 일이 못 되기 때문입니다. 우리는 그렇게 배웠습니다. 저는 우선 여러분께 이 디베이트에 참가한 분들의 베스트셀러들을 꼭 읽어보시기 권합니다. 그 책들은 지난 수십 년 동안 중국이 겪은 엄청난 변화들에 대해서는 물론이고 조금 전 자카리아 씨가 이야기한, 중국이 당면한 거대 해결 과제들에 대해서도 잘 설명하고 있습니다. 꼭 사서 읽어보시기 바랍니다.

오늘 저는 세 가지 포인트를 지적하고자 합니다. 그 세 가지 포인트는 다음의 세 가지 키워드로 요약될 수 있습니다. 첫 번째 키워드는 '에너지(energy)'입니다. 중국의 연료 탱크에는 새로운 에너지가 차 있습니다. 그것은 끊임없는 변화를 향한 에너지입니다. 그 변화는 경제적인 변화이기도 하고 정치적인 변화이기도 합니다. 그러한 에너지가 왜 생겼을까요? 그것은 지난 170년간에 걸친 중국과 서방 두 문명의 일대 충돌 때문에 생긴 것입니다.* 이 충돌은 중국인들의 완패를 가져왔습니다. 그것

---

* 아편전쟁(제1차 영·청 전쟁)의 결과 체결된 난징조약(1842년)은 중국에 대해 홍콩을 영국에 할양하는 것을 포함한 수많은 의무를 부과했다. 이 조약과 그 밖의 '불평등 조약들'에 의해 중국에 강요된 금융 및 무역과

은 우리들에게 커다란 굴욕이었고, 그 기억은 세대에서 세대로 전해져 내려왔습니다. 우리 아이들은 오늘날에도 그 교훈들을 배우고 있습니다.

그리고 그러한 굴욕감은 중국 사회와 중국 역사에 거대한 반작용들을 반복하여 불러일으켰는데, 90년 전의 중국공산당 창건도 그러한 반작용의 하나라 하겠습니다. 중국공산당의 창건은 전 세계에 프롤레타리아 혁명을 퍼뜨리는 것보다는 강력하고 독립적인 중국을 수립하는 데 더 큰 목적을 두었습니다. 그런 까닭에 62년 전 인민공화국이 수립되자 중국공산당과 공산당 정부는 '대약진 운동'의 형태나 또는 '문화대혁명'의 형태로 과도한 반작용들을 드러내게 됩니다. 그러나 그러한 반작용 가운데 어떤 것도 중국인들의 삶을 개선시키지 못했고 중국의 이익을 증대시키지 못했지요. 지금부터 30년 전까지 계속되었던 것은 그러한 상황이었습니다. 그러다가 일대 변화가, 우리가 '중국의 개혁·개방'이라 일컫는 변화가 일어났던 것입니다.

'개혁'이란, 정치적인 개혁이든 경제적인 개혁이든, 중국의

관련된 양보들은 중국인의 가슴에 '굴욕'으로 새겨졌다.

제도에 점진적인 개선을 이뤄내는 것을 의미합니다. 그리고 '개
방'이란 서방의 가장 좋은 것이면 그것이 무엇이든 따라 배우는
것을 가리킵니다. 처음에 중국인들은, 자카리아 씨의 말과 똑같
이, 개혁·개방의 메시지를 믿지 않았습니다. 그러나 위대한 지
도자 덩샤오핑은 "논쟁을 일삼지 말라. 한 번 해보라(Just do
it)!"라고 말했습니다. 아마 덩샤오핑은 '멍크 디베이트'의 팬이
될 수 없는 사람일 겁니다. 나이키(Nike)의 팬이 될 수는 있겠지
요. 저스트 두 잇! ― 이것이 그가 한 말입니다. 사실 지난 30년
에 걸쳐 일어난 대변화는 '개혁·개방'의 힘이 얼마나 큰 것인가
를 잘 보여주었습니다. 그러나 오늘날 중국의 젊은이들은 우리
가 이룩한 진보에 만족하지 않고 있지요. 그들은 인터넷을 통해
더 많은 개혁과 더 많은 개방을 촉구하고 있습니다. '에너지',
이것이 저의 첫 번째 메시지입니다. 중국의 연료 탱크에는 아직
에너지가 차 있습니다.

　　그런데 우리가 어디로 가고 있는 것일까요? 우리의 목적지는
어디일까요? 그 목적지가 저의 두 번째 키워드와 관련됩니다.
그것은 '부흥(revival)'입니다. 목적지는 지금으로부터 1,500년
전의 문명, 즉 당조(唐朝)의 위대한 문명을 부흥시키는 것입니
다. '부흥'은 서방에 대한 보복을 뜻하는 것이 아니고, 또 세계

패권을 놓고 미국과 겨루는 것을 뜻하는 것도 아닙니다. 그것은, 어느 쪽이냐 하면, 당대(唐代)의 문명 같은 평화적이고 개방적이면서 자신감 넘치는 그러한 문명을 부활시키는 것입니다. 그것이 이 대변화의 종착점인데, 우리는 지금 기껏해야 그 절반 정도에 도달해 있습니다.

여러분에게 말씀드리고 싶은 저의 세 번째 키워드는 '영향력(influence)'입니다. 지금부터 90년 후에 중국이 세계에 행사할 영향력은 어떤 종류의 것일까요? 저는 그것이 다차원적일 것이라고 생각하고 싶습니다. 첫째로, 중국의 부상은 아프리카나 기타 저개발 지역들에 살고 있는 사람들에게 희망을 주어왔습니다. 그런 지역에 있는 사람들은 스스로에게 이렇게 묻습니다. "중국은 가난했다. 중국은 천연자원도 많지 않았다. 중국이 할 수 있었다면 우리라고 못할 것 있겠는가?" 이렇게 우리는 이 세계의 수많은 빈곤자들에게 희망을 주고 있습니다. 이것이 첫 번째 차원입니다.

중국이 행사할 영향력의 두 번째 차원은 중국이 사회 제도, 경제 제도에서 우리들에게 대안적 모형을 제공한다는 점입니다. 중국의 모형은 서방의 모형, 미국의 모형과는 종류를 달리합니다. 중국 모형은, 미국이나 기타 서방 모형들과 비교할 때,

개인의 자유보다는 사회적 복지, 사회적 안정성에 더 큰 비중을 두고 있습니다.

중국이 행사할 영향력의 세 번째 차원은 국제관계에 관한 것입니다. 만약 중국이 당대(唐代)의 문명 같은 위대한 문명을 부활시키는 데 성공한다면 그때의 국제관계는 평화와 상호 협력을 기반으로 할 것입니다. 우리는 세계 금융위기 이후의 2년 반동안 바로 그러한 관계를 목도한 바 있습니다.

저는 이 같은 제 결론을 여러분에게 강요할 생각이 없습니다. 여러분 스스로 판단해주시기 바랍니다. 중국은 앞으로 엄청난 에너지와 함께 끊임없이 변화해 나갈 것이고, 위대한 문명을 부활시킬 것이며, 세계에 긍정적인 영향을 미칠 것입니다. 저의 이 요약에 대한 여러분의 판단을 기다리겠습니다. 감사합니다.

그리피스 다음은 키신저 박사님 차례입니다.

헨리 키신저 어렸을 때 독일어를 쓰며 자란 사람은 6분의 시간 동안에 영어 단어 한 마디밖에 못할 수도 있지요. …… 우리 쟁론자들은 중국이 얼마나 큰가에 대해 많은 이야기를 했습니다. 지난 40년 동안에 중국이 엄청난 성취를 했다는 것에 저도 충분히 동의합니다. 제 눈으로 직접 보아왔으니까요. 그것을 부정할 사람은 없을 겁니다. 그러나 우리의 논제는 21세기가 중국의 것이냐 입니다. 저는 21세기에 중국은 국내적으로 거대한 문제들과 씨름하느라 여념이 없을 것이라고, 또한 중국을 둘러싼 환경이 제기하는 문제들과 씨름하느라 여념이 없을 것이라고 말하고 싶습니다. 그리고 그 때문에 저는 중국이 지배하는 세계를 상상하는 데 아주 큰 어려움을 느낍니다. 사실 — 이것이 제 결론인데 — 어느 한 나라가 세계를 지배할 것이라는 개념은 오늘 우리가 살고 있는 세계에 대한 몰이해에 입각한 것이라고 믿습니다.

중국은 경제적으로 위업을 달성했습니다. 그러나 이 나라는 매년 2,400만 개의 일자리를 창출해야 하고, 매년 도시로 유입하는 600만 명과 1억 5,000만 내지 2억 명에 달하는 유랑 인구를 다루지 않으면 안 됩니다. 또한 이 나라는, 연안 지역 거주자들은 선진국 수준에 있는 반면 내륙 지역 거주자들은 후진국 수준에 있는 그런 사회를 안고 가야 합니다. 뿐만 아니라 이 나라는 경제적 대변화가 불가피하게 수반하는 정치적 적응의 문제라는 커다란 해결 과제를 안고 있습니다.

지정학적 관점에서 보면 중국은 역사적으로 항상 일군(一群)의 작은 나라들로 둘러싸여 있었는데, 이 나라들은 단독으로는 중국을 위협할 수 없었지만 단합할 경우에는 중국을 위협할 수 있었습니다. 그러므로 역사적으로 중국의 대외 정책은 '이적 관리(夷狄 管理, barbarian management) 정책'이라고 요약할 수 있습니다. 중국은 지금까지 거의 대등한 강국들로 구성된 세계를 다뤄본 적이 없습니다. 따라서 그러한 세계에 적응하는 문제 자체가 중국인들에게는 아주 커다란 도전적 과제에 해당합니다. 중국은 모두 14개 나라에 의해 둘러싸여 있는데, 그중 몇몇 나라는 비록 소국이긴 하나 중국에 대해 민족주의를 주장할 수 있는 나라들이고 또 그중 몇 나라는 대국으로서 역사상 중요한 자리를 차지해온 나라들입니다. 그러므로 중국이 세계를 지배하려 시도한다면 그러한 시도는 즉각 반작용을 불러일으킬 것이고 그 결과 세계 평화는 심대하게 파괴될 수 있습니다.

퍼거슨 교수는 대(對)중국 군사 봉쇄에 대해 제가 한 말을 인용하셨는데, 물론 퍼거슨 교수는 제 전기 작가이기 때문에 제가 무슨 말을 하든지 거기에 한 마디 덧붙일 권능을 갖고 있습니다만, 우리는 중국의 권리들을 존중하는 법을 배워야 한다는 것이 제가 하고 싶은 말입니다. 그리고 중국으로 말하면, '중국이 패권을 행사할 수 없는 세계'에 적응하는 법을 배워야 한다는 것입니다. 사실 지난 스무 개 세기 가운데 19, 20세기는 물론 나머지 열여덟 개 세기 동안에도 중국이 세계를 상대로 패권을 행사한 적은 없었습니다.

그러므로 만약 저에게 우리의 논제를 재구성할 권한이 부여된다면 "21세기는 중국의 것일까?" 대신 "우리 서방 나라들이 21세기에 중국과 협력 속에 살아갈 수 있을까?" 또는 "중국이 신흥 강국으로서는 세계사상 처음으로 기존 강국들과의 협력 하에 새로운 국제 체제를 형성하고, 그럼으로써 세계 평화와 진보를 강화하는 길을 택할 수 있을까?"라는 것을 논제로 삼고 싶습니다. 저는 경험에 의거하여 그 전망이 낙관적이지 않다고 제 책에 썼습니다. 그러나 다른 한편으로 우리는 핵무기 확산이나 환경, 사이버스페이스 기타 범세계적 차원에서 다루어져야만 하는 많은 과제를 안고 있다는 것은 분명한 사실입니다.

따라서 제 결론은, "21세기는 중국의 것일까"가 아니라 "21세기에 중국이 좀 더 보편적인 국제 체제에 들어오도록 우리가 만들 수 있느냐"가 중심 이슈가 되어야 한다는 것입니다.

그리피스　지금까지의 흥미진진한 쟁론의 결과 논점이 좁혀지고 있습니다. 쟁론의 진전을 위해 이 시점에서 상대편 오프닝 스피치들에 대한 반박을 들어볼 필요가 있겠습니다. 특히 의견을 달리하는 대목에 집중해서 말씀을 주시기 바랍니다. 이미 합의한 대로 퍼거슨 교수께서 먼저 반박을 펼쳐주시지요.

니얼 퍼거슨 자카리아 씨에 대한 질문입니다. 중국이 일본이 걸은 길을 되풀이할 것이라는 당신의 말씀이 옳다면, 일본은 훨씬 작은 나라이고 또 중국은 상대적으로 저개발 상태에 있다는 것을 고려할 때 당신의 말씀이 무엇을 의미하는가를 한 번 생각해보세요. 중국이 일본 경제가 걸어간 길을 재현할 것이라는 당신의 말씀이 옳다면, 그렇다면 틀림없이 21세기는 중국의 것이 될 것입니다. 왜냐하면, 일본이 1980년대 말에 그랬던 것과 마찬가지 방식으로 중국의 기세가 꺾인다면 그 전에 중국은 이미 세계 GDP에서 엄청난 비중을 차지하고 있을 것이고 글로벌 파워 면에서도 마찬가지 상태에 있을 것이 틀림없기 때문입니다. 또 하나의 이유는, 일본은 1945년에 군사적 패배를 겪었지만 중국은 군사적 패배를 겪지 않았고 따라서 주권을 잃은 적이 없다는 사실입니다. 따라서 경제적으로, 지정학적으로 중국이 일본이 걸은 길을 되풀이할 것이라는 전망은 당신의 주장에 오히러 심대한 해가 될 것입니다.

그리피스　자카리아 씨가 응대하시겠습니까?

파리드 자카리아　일본의 사례는 이 세상에 일직선을 그리며 나아가는 것은 아무것도 없다는 것을 보여주는 사례입니다. 어느 나라나 특히 근대화에 성과를 거둠에 따라 많은 문제에 봉착하게 됩니다. 지난 100년을 돌아볼 때 1인당 GDP가 1만 2,000달러를 돌파할 수 있었던 나라의 수는 놀랄 정도로 적습니다. 대략 다섯 개 나라에 불과하지요.

다만 어느 정도 (근대화에__옮긴이) 성공한 나라는 아주 많습니다. 기본적인 공업화를 이룩했고 개혁을 시작했으며 또 정부가 더 이상 경제에 지장을 주지 않게 된 나라들 말입니다. 그러나 한국, 대만, 싱가포르, 홍콩처럼 최상층에 진입하기 위해서는 사회의 모든 요소가 근대화되지 않으면 안 된다는 것이 드러났습니다. 중국에 대해서 말한다면, 이 나라는 경제적·인구통계적·정치적·지정학적으로 많은 문제를 안고 있고 따라서 이 나라의 경제적 상승의 마지막 단계는 다소 불안정하고 복잡한 과정이 될 것이라는 것만을 지적하고자 합니다. 키신저 박사님 말씀대로 중국은 내부 문제에 집중하지 않으면 안 되고 따라서 대외적으로 거대한 패권을 행사할 여력이 존재하지 않을 것입니다.

중국이 경제 대국이 되리라는 것을 저는 의심하지 않습니다. 또한 중국이 세계무대에서 엄청난 실력을 행사하리라는 것도 의심하지 않습니다. 그러나 제가 받아든 문제는, "21세기는 중국의 것일까?", "중국이 21세기를 지배할까?"라는 문제입니다. 이상에서 말씀드린 이유로, 저는 그렇지 않을 것이라고 대답하겠습니다.

그리피스 리 소장님, 일본 사례에 대해 한 말씀을 해주시겠습니까? 일본 사례는 그동안 수많은 논쟁의 주제였는데요, 여러 해 계속된 GDP 성장, 경제에 대한 국가의 강력한 개입, 그리고 무엇보다 사회가 동질적이고 또 에너지로 넘쳤다는 점에서 1980년대의 일본은 중국과 아주 흡사했습니다. 당신은 중국이 앞으로 일본과 흡사한 과거를 따르지 않을 것으로 보시는데, 그 이유가 무엇인가요?

데이비드 리 그리피스 씨의 질문과 자카리아 씨의 질문, 그리고 키신저 박사님의 질문을 한데 뭉뚱그려 대답하겠습니다. 이 분들이 주장하시는 바는 맞습니다. 특히 20년이나 30년 전의 중국에 대해서라면 이 분들의 주장이 더욱 설득력이 있습니다. 그러나 그 모든 주장에도 불구하고 중국은 성장해왔습니다. 중국은 지난 30년 동안 끊임없이 변화해왔습니다. 오늘날 중국은 그 앞에 산더미처럼 쌓여 있는 그 모든 도전들에도 불구하고 여전히 변화하고 있다는 것 — 이것이 제 답변의 요점입니다.

중국과 일본을 비교해봅시다. 일본에서는 1990년대 초 붕괴되기 시작할 때까지 그 어떤 근본적인 변화도 일어나지 않았습니다. 중국에서는 계속해서 근본적인 변화가 일어났습니다. 또한 일본은 중국으로부터 배워온 나라입니다. 일본은 중국이 관계하고 있는 세계의 주요 국가군(群)에 들어 있지 않았습니다. 적어도 서방 제국에 금융위기라는 대폭발이 일어나기 전에는 말입니다.

경제성장률에 대한 자카리아 씨의 지적에 대해서인데요, 중국과 같은 큰 나라가 두 자릿수의 GDP 성장률을 끝없이 이어갈 수 없다는 것에는 저 역시 100% 동의합니다. 성장세는 꺾일 것입니다. 그러나 미국이 부상하고 있을 때 그때의 미국은 현재의 중국처럼 빠른 속도로 성장하고 있지 않았습니다. 그리고 미국이 세계의 지배국이 되기 훨씬 전에 성장률이 현저하게 떨어졌습니다. 그럼에도 미국은 아직도 성장을 계속하고 있지요. 오늘날의 중국에서, 저는 넘치는 에너지를 보고 또 변화가 끊임없이 이루어지는 것을 봅니다.

　마지막으로 키신저 박사께서 하신 말씀을 상기시키고 싶습니다. 박사님은 지난 열여덟 개 세기에서의 중국에 대해 언급하셨습니다. 저 역시 박사님의 말씀에 전적으로 동의합니다만, 한 가지 점에서 차이가 있습니다. 오늘날 중국은 엄청나게 많은 수의 젊은이들을 해외로 유학을 보내고 있습니다. 얼마나 많으냐고요? 토론토 대학(University of Toronto) 총 학생수의 6배나 되는 청년들을 상상해보십시오. 이 많은 중국 청년들이 지금 미국과 캐나다에서 공부를 하고 있습니다. 이들이 바로 변화의 원천들입니다. 이 아이들이 배우고 있습니다. 그러므로 저는 중국의 부상이 미국의 그것과 다를 것이라는 생각에 동의하지 않습니다. 또한 중국이 일본과 똑같은 문제들에 봉착할 것이라는 주장에도 동의하지 않는 것이고요.

그리피스　키신저 박사님, 반론을 펴시겠습니까?

헨리 키신저　중국이 변화하고 있다는 것 — 이것은 의심할 여지없이 맞는 말입니다. 1971년의 중국과 오늘날의 중국을 비교해본다면 중국은 실질적으로 달라졌으며, '한 자녀 정책'을 통해 인구통계학적으로도 달라졌습니다. '한 자녀 정책'은 중국인들의 가치관까지를 변화시킨 면이 있습니다. 앞으로 30년이 지나면 은퇴한 한 사람의 중국인을 먹여 살리기 위해 대략 두 명의 중국인이 일을 해야 할 것으로 전망되는데, 2005년에는 9.2명이 일을 해서 은퇴자 한 사람을 먹여 살렸습니다. 이 같은 상황 변화는 사람들의 태도에 일련의 변화를 만들어낼 것입니다.

그러나 우리는 국가의 크기와 세계에 대한 영향력을 혼동해서는 안 됩니다. 중국은 도시화 문제와 씨름해야 하고 인구 문제와 씨름해야 합니다. 또한 중국은 스스로 우주의 중심이 아니라 국제 체제의 한 참여자가 되는 것에 적응해야 하는데, 역사적으로 중국인들은 그러한 관념을 가져본 적이 없습니다. 이것들은 물론 해결 가능한 문제들입니다. 그리고 중국인들의 그러한 관념을 우리 서방 사람들이 이해하는 '제국주의'로 보아서는 안 됩니다.

역사적으로 볼 때 국제 사회에서의 중국의 역할은 중국의 제반 행위가 존경을 받는 데 입각해 있었습니다. 중국은 국제적인 어떤 역할을 수행하기 위한 문화를 갖고 있지 않았습니다. 이제 중국이 주변 환경 및 국내 상황을 관리해 나가기 위해서는 서방을 지배하려 하기보다는 서방과 협력하는 것이 요구된다고 저는 믿습니다.

그리피스 자카리아 씨, 이 점에 대해 보충하실 것이 있나요?

파리드 자카리아 퍼거슨 교수님께 질문하고 싶습니다. 저는 교수님의 현재 입장과 배치되는 부분들을 찾기 위해 아마 46권에 달하는 교수님의 저서를 거의 다 읽었던 것 같습니다만, 그 부분들을 지적하는 대신 다음과 같이 아주 간단한 문제 제기를 하겠습니다. 교수님은 지정학을 아주 열심히 공부하셨는데요, 현재 중국이 부상하고 있다는 사실로부터 도대체 무엇을 도출하셨는지, 그것이 의문입니다. 중국이 부상하고 있다는 것은 의심할 여지가 없는 사실이지만 중국이 지정학적 진공 상태에서 부상하고 있는 것은 아니잖습니까. 2010년을 돌이켜 본다면 중국에게 좋은 해였습니다. 세계는 금융위기를 겪고 있었지만 중국은 위기에서 빠져나오면서 자신감에 차 있었지요. 그때 중국이 어떻게 행동했는가를 한 번 돌아봅시다. 코펜하겐에서 중국은 미국에 굴욕감을 주고 미국 대통령에게 굴욕감을 주었으며 합의문 작성을 거부했습니다. 중국은 센카쿠 열도[*] 문제와 관련하여 일본을 격분케 했습니다. 또한 북한이 남한의 함정을 침몰시키자 남한이 중국에 대해 북한을 규탄하는 데 동참해주기를 요청했는데, 중국은 그것을 거절하여 남한 사람들의 분노를 샀습니다. 중국은 또 남중국해에 대한 주권 문제로 베트남 국민과 필리핀 국민들의 분노를 사기도 했습니다. 그런데 이것들이 모두 지난 한 해 동안에 일어난 일들입니다! 그것도, 중국이 세계 경제를 지배하는 위치에 도달하기 전에 일어났단 말입니다.

교수님은 이 모든 나라들이 중국의 지배를 그저 받아들이기만 할 것으로 보십니까? 아니면 인도나 베트남, 한국이나 일본 또는 인도네시아 같은 나라들이 강력하게 반발할 가능성이 더 높을까요? '중국의 지배'라는 것이 갑자기 더 이상 낙관적인 것

---

[*] 동중국해, 일본의 오키나와와 타이완 섬 사이에 위치한 무인도들이다. 이 열도(중국에서는 '댜오위다오 열도'로 알려져 있음)는 수세기 동안 중국의 주권하에 있었는데, 1895년에 일본에 의해 점령되어 제2차 세계대전이 끝날 때까지 일본의 지배하에 있었다. 종전 이래 1972년까지 미국의 관할하에 있다가 미일 조약에 의해 일본에 반환되었다. 그러나 1970년대 초부터 중화인민공화국과 중화민국(타이완)이 공히 이 열도에 대한 주권을 주장해왔다.

으로 보이지 않게 되었습니다.

니얼 퍼거슨 자카리아 씨의 질문에 감사드립니다. 박사께서 경제학에까지 손을 뻗쳐 작성한 ≪타임≫의 최근 칼럼들을 읽었는데요, 이 기회에 손을 터시도록 제가 돕고 싶네요. 중국은 세계가 금융위기에 빠진 상황에서도 성장을 계속했는데, 이것이 의미하는 바는 이제 세계 경제에서의 중국의 역할이 근본적으로 바뀌었다는 겁니다. 금융위기가 일어나기 전에는 캐나다나 미국 같은 선진 제국의 시장을 놓고 중국이 다른 신흥국들과 경쟁하고 있다는 것이 이야기의 테마였습니다. 중국은 값싼 제품들을 수출하고 있었고, 기본적으로 이른바 '중국 가격(China price)'에 의해 대부분의 신흥 경쟁 상대국들을 패퇴시키고 있었습니다. 그러다가 금융위기가 터졌고, 선진 경제들은 경기 후퇴 내지 침체에 빠져 들었습니다.

그리고 무슨 일이 일어났을까요? 중국이 세계를 가장 강력하게, 가장 효과적으로 자극하기 시작했습니다. 그리고 그렇게 하면서 중국의 역할이 바뀌었습니다. 중국은 이제 더 이상 여타 신흥국들과 경쟁하는 나라가 아니었습니다. 중국은 그 나라들이 가장 먼저 의지할 시장이 되었습니다. 그 나라들은 중국 시장이 그들 나라의 가장 역동적인 시장이라는 것을 발견한 것입니다. 운명의 대(大)반전이 일어나 전 세계의 무역 패턴이 바뀌었고, 아시아의 이웃 나라들은, 박사께서 태어난 인도를 포함하여 중국의 모든 이웃 나라들은, 중국이 더 이상 그들의 경쟁자가 아니고 그들의 제품을 갖다 팔 시장이라는 사실을 깨달았던 것입니다.

이 같은 추세는, 중국의 최근 5개년 계획이 수출 위주에서 내수와 소비 위주로의 전환을 목표로 하고 있기 때문에, 앞으로도 계속될 것입니다. 이 모든 아시아 나라들이 장차 '더러운 중국'에 반대하여 대동단결할 것이라는 생각이 환상에 지나지 않는 것은 바로 그 때문입니다. 이 나라들은 경제적으로 장차 지금보다 더 중국에 의존하게 되어 있습니다. 당신이 서울에 가서 그곳 사람들과 이야기를 나눠보면, 또는 인도의 최고 갑부 무케시 암바니(Mukesh Ambani)와 대화를 해보면, 중국의 제반 사업이 아시아의 다른 나라들에게 얼마나 큰 의미를 갖는가를 바로 알 수 있을 것입니다. 그리고 저에게는 그것이 21세기가 중국의 것이 되리라고 예상하는 데 충분한 근거가 된다고 생각됩니다. 왜냐하면 그 모든 아시아 시장들이 중국의 것이 될 것이니까요.

그리피스 다음은, 먼저 리 소장이 발언하시고, 이어 자카리아 씨가 받고, 마지막으로 키신저 박사께서 발언하시겠습니다. 그리고 이어서 청중석으로부터 두세 개의 질문을 받기로 하겠습니다.

데이비드 리 자카리아 씨가 작년에 있었던 긴장 사태들에 대해 맞는 말씀을 하셨습니다. 그러나 우리는 더 깊이 들어가야 합니다. 여기 있는 우리가 TV에 나와 이야기하는 사람들처럼 사태의 표면에 머물러 있을 필요는 없으니까요. 아참, 실례했군요. TV도 중요합니다. 특히 자카리아 씨의 프로그램을 저는 아주 좋아합니다. 그러나 우리는 표면 너머로 나아가야 합니다. 누가 공격자일까요? 어느 쪽이 도발했나요? 결코 중국이 아닙니다.

  센카쿠 열도에 대한 일본의 개입을 예로 들어봅시다. 일본 정부는 중국 선원들을 체포하여 자국의 법을 적용했습니다. 중국 측은 평화적 해결을 시도했습니다. 코펜하겐 협상을 상기해보세요. 중국은 다른 나라들과 의미 있는 합의점을 찾으려 노력했습니다. 중국의 입장은 대단히 불리합니다. 왜냐하면 중국 정부는 오늘 약속한 것을 미래에 지키지 않으면 안 되는 반면, 다른 나라들은 의회의 구성이 바뀌었다거나 새 의회가 기존 협정을 무효화시켰다는 이유를 대며 약속을 지키지 않는 경우가 적지 않기 때문입니다.

미국과의 협상으로 말하면 그것은 새 대통령 버락 오바마를 위한 쇼였어요. 오바마 대통령은 협상하려고 노력했습니다만 합의가 성사되었더라도 틀림없이 의회에 의해 묵살되었을 것입니다. 그러나 그런 술책은 중국에서는 통하지 않습니다. 저는 여러분이 또 다른 증거들을 찾을 수 있을 것이라고 생각합니다. 금융위기가 세계를 휩쓴 지난 3년 동안 중국은 세계 금융 시스템을 안정시키기 위해 많은 노력을 했습니다. 다른 많은 통화들과 달리 런민비(RMB)*는 위기가 절정에 달했던 시기에 달러화 대비 평가절하되지 않았습니다.

중국은 또 금융위기 기간 중 보유하고 있는 막대한 양의 미국 채권(Treasury Bond)을 시장에 내놓지 않았습니다. 중국은 지금까지 가장 참을성 있는 장기 투자자로서 유럽을 지원하고 미국 정부를 지원해왔습니다. 저는 여러분께 큰 그림을 보시라는 말씀을 드리고 싶습니다.

---

* 1949년에 도입된 중화인민공화국의 공식 화폐. 런민비의 기본 단위는 '위안'임.

파리드 자카리아 퍼거슨 교수님은 물론 경제사학자로서 탁월한 업적을 쌓으셨고 아시아의 경제에 대한 이해도 높으십니다. 그러나 세계사를 돌아보면 경제적으로 서로 의존하는 나라들 간에도 서로 전쟁을 벌이고 치열한 지정학적 경쟁관계를 형성한 사례가 많다는 것을 저는 지적하고 싶군요.

사상 최초의 위대한 역사가 투키디데스는 펠로폰네소스 전쟁을 서술하면서 그 전쟁의 가장 큰 이유로 명예와 존엄을 지목했습니다. 그 전쟁은 경제와는 아무 관련이 없는 전쟁이었지요. 제1차 세계대전 전야의 유럽을 상기해보십시오. 당시의 유럽은 경제적으로 볼 때 오늘날의 국가 간 관계에 비해 훨씬 더 상호 의존적이었던 하나의 대륙이었습니다. 당시 영국과 독일의 경제적 상호 의존성은 두 나라가 만약 전쟁을 벌인다면 미친 짓에 해당된다고 할 수 있을 정도였지만, 그럼에도 두 나라는 전쟁을 벌였잖아요? 한 젊은 역사학자가 쓴 매우 유명한 책이 있는데요, 그는 그 책에서 당시 영국은 전쟁으로까지 가서는 안 되었다, 왜냐하면 그것은 미친 짓이었으니까, 이렇게 썼습니다. 그 책의 제명은 『유감스러운 전쟁(The Pity of War)』입니다. 자, 그 역사가가 누구일까요? 바로 퍼거슨 교수랍니다.

니얼 퍼거슨 그러니까 자카리아 씨가 제 책 가운데 한 권은 읽으셨군요?

그리피스 이 '상호 반박'을 끝내기 전 키신저 박사께 마지막으로 한 말씀을 하실 기회를 드리겠습니다.

헨리 키신저 지금 보니 퍼거슨 교수가 3대 1로 코너에 몰린 것 같네요. 우리의 중국 친구는 중국이 막대한 고통을 겪어왔다는 것, 지난 1세기 동안 서방으로부터 착취를 당했고 그래서 화가 나 있다는 것, 그러나 중국은 세계를 지배하려 하지 않는다는 것 등을 이야기했습니다. 제가 이해하기로 리 소장이 주장하는 바는, 예를 들어 서방측이 기후나 금융 시스템에 대해 토론하고자 할 때 중국에 대해 어떤 입장을 취하느냐 하면, 중국은 기존 시스템의 창설에 참여하지 않았던 만큼 거의 제3자로 취급하는 경향이 있다는 것입니다. 그렇다면 이제 우리의 논제는, 세계를 지배하려는 나라로서가 아니라 하나의 참여자로서의 중국과 함께 새로운 국제 체제를 만들어내는 것이 가능한가 ─ 이것이 될 것입니다. 사실 오늘 디베이트의 진정한 주제는 그것입니다.
　　우리의 중국 친구는, 제가 이해하기로, 중국은 세계를 지배하려 하지 않을 것이라는 말을 하고 있습니다. 중국은 크게 진보하고 있다는 것, 중국은 그 의사가 존중되기를 바란다는 것, 그리고 미국은, 예를 들어 기후 변화 같은 이슈와 관련하여 결론을 내놓고 서명하라는 식으로 나와서는 안 된다는 것 등이 리소장이 말하고자 하는 바입니다. 그런데 리 소장의 이 모든 말에 우리는 동의합니다. 적어도 이쪽에 있는 우리 두 사람은 말입니다. 그러니 리 소장, 의자를 들고 이쪽 편으로 건너오시겠다면 우리는 당신을 환영하겠어요.

그리피스 이제 질의·응답 시간을 갖겠습니다. 질의·응답은 분야별로, 즉 경제 분야, 정치 분야, 문화 분야 및 지정학 분야의 네 분야로 나누어 진행하겠습니다. 먼저 경제 분야인데요, 청중석에 계시는 담비사 모요(Dambisa Moyo) 씨께 질문을 청하겠습니다. 이 분은 경제학에 관한 수많은 베스트셀러를 낸 분으로, 그녀의 베스트셀러 중에는 『아프리카에 원조를 중단하라: 지금까지의 원조가 왜 효과가 없는가, 아프리카를 위해 더 나은 방법은 없는가(Dead Aid: Why Aid Is Not Working and How There Is a Better Way for Africa)』와 『미국이 파산하는 날: 서구의 몰락과 신흥국의 반격(How the West Was Lost: Fifty Years of Economic Folly - and the Stark Choices Ahead)』이 포함됩니다. 자, 담비사 모요 씨, 질문을 부탁합니다.

담비사 모요 리 소장과 퍼거슨 교수께 묻겠어요. 지금까지 중국의 개발 전략의 중심을 이뤘던 것은 '소프트 파워'나 방대한 자본력을 사용하여 토지와 물, 에너지, 광물 같은 천연자원들을 확보한다는 것이었습니다. 동시에 미국이 세계적 차원에서 국가안보 같은 공공재의 비용을 떠맡고 있는 것에 중국은 그동안 무임승차해왔습니다. 2050년이 되면 세계 인구가 90억 명에 달할 것이고 2030년에는 세계 중산층 인구가 지금보다 20억 명이 증가해 있을 것으로 전망되는데요, 두 분에게 묻겠습니다. 중국이 앞으로 천연자원들을 확보하기 위해 얼마나 공격적이 될까요? 바꿔 말하면 중국이 천연자원을 확보하는 데에서 지금까지의 '소프트 파워' 전략을 벗어나, 특히 아프리카에서, 좀 더 적극적인 — 다시 말해 더욱 군사적이고 식민지주의적인 '하드 파워'에 의존하는 전략을 채택할 가능성은 얼마나 될까요?

니얼 퍼거슨 담비사, 당신을 보게 되어 반갑습니다만, 아프리카 문제에 대해 당신에게 대답한다는 것이 망설여집니다. 그러나 최근에 잠비아를 방문했고 작년에 세네갈과 나미비아를 다녀온 적이 있는 저로서는 사하라 사막 이남의 아프리카에 뭔가 매우 중요한 일들이 일어나고 있는 것 같았다고 말하고 싶습니다. 그곳에서 중국은 완전히 새로운 개발 프로그램을 주도하고 있는데, 그것은 당신이 실패한 것으로 설득력 있게 주장해온 서방식 원조 프로그램들과는 성격이 근본적으로 다른 것입니다. 그것은 자기 이익에 기초한 개발 전략입니다. 중국은 예를 들어 잠비아의 구리 생산 벨트에서 대량의 구리를 개발하고 있는데, 그것은 새로 생겨난 수많은 도시들에 전선을 까는 데 구리가 절대적으로 필요하기 때문입니다. 그런데 그 결과가 모두 아프리카에 나쁜 것만은 절대 아닙니다. 그것을 19세기 식민지주의의 재판이라고 표현하는 것은 정말이지 잘못된 것이라고 생각해요. 잠비아에서는 제 머릿속에 그런 의문이 떠오르지도 않았고 또 그런 대답을 얻지도 않았습니다.

중국의 접근법은 그런 종류의 것이 아니었습니다. 거기서 중국이 하고 있었던 것은 많은 면에서 당신이 『아프리카에 원조를 중단하라』에서 주장한 것들과 부합한다고 생각해요. 중국인들은 투자하고 있습니다. 그들은 돈을 벌기 위해 애쓰고 있습니다. 그들은 아프리카 사람들에게 먹고 입을 것을 거저 갖다 주어 의존성을 키우기보다는 '시장'이 경제 발전을 추동하게 만들고 있습니다. 그러한 접근법이 결국 당신이 이야기하는 것 같은 분쟁으로, 다시 말해 19세기 말에 있었던 아프리카 쟁탈전 같은 것으로 귀결될까요? 그럴 수도 있겠지요. 그러나 단언컨대 당시에 저는 그런 조짐을 조금도 보지 못했습니다. 그리고 현재 아프리카 쟁탈전을 벌이고 있는 나라는 세계에서 하나밖에 없습니다. 바로 중국입니다.

데이비드 리 퍼거슨 교수님이 훌륭한 논변을 해주셨는데, 제가 세 가지를 덧붙이겠습니다. 첫 번째는 중국의 의도에 대한 것입니다. 중국은 19세기의 식민지주의를 되풀이할 의도를 갖고 있지 않습니다. 중국은 그와 반대로 아프리카 나라들과 성심껏 협력해왔습니다. 3년쯤 전에 개최된 아프리카연합(African Union) 정상회의를 상기해보세요. 아프리카 정치계 및 경제계 대부분의 지도자들은 중국의 대(對)아프리카 투자를 열렬히 환영했습니다.

두 번째는 중국의 역량에 대한 것입니다. 중국의 현실을 생각해보십시오. 우리는 아직도 1인당 GDP가 4,000달러에 불과한 대단히 가난한 나라, 경제성장을 위해 아직도 가야 할 길이 먼 나라입니다. 적어도 그런 동안에는 설사 중국이 원한다 하더라도 아프리카의 모든 나라를 식민지화할 여력이 중국에 있을 턱이 없습니다.

제 세 번째 논지는 좀 더 일반적으로 중국 그 자체에 대한 것입니다. 그동안 중국인들은 자원을 보존하기 위한 신기술, 에너지의 효율성을 높이기 위한 신기술들을 확보하기 위해 엄청난 노력을 기울여왔으며 자원 보존을 장려하기 위한 정책들을 펴왔습니다. 그러므로 저는 중국이 그와 같은 가난한 나라에 사는 사람들에게 희망을 줄 수 있는 새로운 근대화 유형을 개발하기 위해 노력하고 있는 것이 분명하다고 생각합니다.

그리피스 키신저 박사께 묻고 싶은데요, 이것이 글로벌 파워를 갖기 시작한 나라들이 빠지기 쉬운 함정 가운데 하나가 아닌가요? 박사님은 중국이 이러한 자원들을 지키기 위해 자신의 힘을 과용할 위험이 있다고 보십니까?

헨리 키신저 중국이 자국 산업에 필요한 자원을 확보하려 하는 것은 자연스러운 일이지요. 다만 그러한 자원을 확보하기 위해서 군사적 우월자가 되지 않으면 안 된다고 믿느냐의 여부는 또 다른 문제입니다. 제1차 세계대전 전의 독일을 생각해봅시다. 당시 세계는 아마 독일이 세계 최대의 육군을 보유해도 세계 평화는 유지될 수 있다고 생각했을 겁니다. 그러나 독일이 그것에 더해 세계 최대의 해군을 건설하려고 하자 그것은 영국의 장기적 생존에 위협이 되기 시작했지요. 따라서 양쪽 모두 과제를 갖고 있습니다.

우리는 중국이 더욱 더 강해지리라는 것을 받아들여야 하며, 중국이 강화되는 것을 나타내는 징표 하나하나에 신경질적으로 반응할 일은 아닙니다. 그러나 중국은 세계 여기저기서 자국의 이익을 옹호하는 것에 어느 정도 자제할 줄 알아야 합니다. 이 두 가지 생각이 모두 필요한데, 이것이 어느 한 나라만의 노력으로 가능한 것이 아닙니다. 상호 협력이 필요한 과제지요.

파리드 자카리아 제가 한 가지만 이야기를 해도 될까요? 리 소장은 중국의 대(對)아프리카 투자가 아프리카 사람들에게 매우 인기가 높다 하셨는데, 그보다는 아프리카 독재자들에게 매우 인기가 높다고 말하는 것이 더 정확한 말일 겁니다. 1년 전에 제가 케냐를 방문하여 일단의 케냐 의원들을 만나 이야기를 나눈 적이 있는데요, 그들에게 당신들의 주된 관심사가 무엇이냐고 물었더니, 당시 우리는 민주주의와 인권에 대해 이야기를 나누고 있었습니다만, 그들의 관심사는 단 한 가지였습니다. 즉, 중국이 아프리카의 이 나라 저 나라를 찾아가 이런 저런 협약을 맺어왔는데, 독재자들과 협약을 맺으면서 인권 문제에 대해 그 어떤 질문도 하지 않고 그 어떤 답변도 듣지 않는다는 것에 화가 난다는 것이었습니다. 아마 그분들의 말에는 과장이 있을 것이나, 장기적으로 지정학적 차원에서 뭔가 우려스러운 것이 있는 것은 분명합니다. 우리(인도를 말함_옮긴이)는 중동의 여러 나라들과 매우 안정적인 관계를 유지해왔다고 생각했습니다. 그런데 그 실상으로 말하면, 우리는 중동의 모든 독재자들과 매우 안정적인 관계를 유지해왔던 것입니다.

니얼 퍼거슨 잠깐만요, 자카리아 씨. 저는 경제학자라기보다는 역사학자인데요, 자카리아 씨, 당신은 지금 서방 강국들은 독재자들과 협약을 맺는 일이 없었다고, 중국이 그렇게 하는 것은 전에 없던 못된 일이라고 말씀하시는 겁니까? 저도 아프리카에 자주 가는 사람입니다만 잠비아의 구리 생산 벨트를 방문하여, 국영 채광 시스템이 파산하면서 일자리를 잃었다가 중국인들이 채광을 재개하여 다시 일자리를 갖게 된 광부들과 이야기를 나눠본 일이 있습니다. 중국인들은 닫힌 문들을 다시 여는 데 그치지 않고 더 확대해서 개발하고 있었어요. 그리고 중국이 아프리카의 독재 국가들 하고만 협약을 맺은 것이 아닙니다. 민주 국가들도 상대하고 있어요. 서방 강국들이 오랫동안 지지해온 정부들을 포함해서, 아프리카의 모든 정부를 상대하고 있습니다.

파리드 자카리아   이 주제와 관련하여 제가 서방을 변호하려는 것은 아닙니다. 저는 단지, 중국이 아프리카의 지도층들을 상대하고 있는데 그 지도층이란 것이 아프리카 전체 대중의 바람을 대변하지는 않는다는 것을 지적하고 있을 뿐입니다.

니얼 퍼거슨   당신은 중국이 아프리카에 투자하지 않는다면 아프리카가 더 잘살 것이라고 말하시겠소?

파리드 자카리아   아닙니다. 그렇게 말할 생각은 없습니다.

니얼 퍼거슨   중국이 아프리카의 최대 교역 상대국이 아니라면 아프리카가 더 잘살까요? 그런 말은, 만약 내가 중국인이라면 대단히 화가 날, 위선적인 주장이 아닐까 싶네요.

파리드 자카리아　교수님은 중국인이 아니면서도 이미 화가 난 것 같네요.

그리피스　경제 분야에 대한 디베이트를 계속하겠습니다. 지금 제 손에는 지난 10년 이래 소비자 만족도가 가장 높은 제품, 애플의 아이폰이 있습니다. 이 휴대폰은 중국에서 생산됩니다. 그러나 디자인은 캘리포니아에서 고안되었고, 운영체제는 애플의 스티브 잡스와 그의 팀에 의해 만들어졌습니다. 사람들이 너나 할 것 없이 갖고 싶어 하는 이 대(大)성공작을 보며, 저는 퍼거슨 교수와 리 소장에게 이렇게 묻고 싶은 마음이 듭니다. 중국도 애플이나 구글이나 우리 캐나다의 림(RIM)이 해낸 것 같은 혁신을 똑같이, 똑같은 규모로 해낼 수 있을까요? 왜냐하면 중국이 21세기를 차지하려면 반드시 이런 혁신을 해낼 수 있어야 하기 때문입니다.

데이비드 리　나의 답은 '예스'입니다. 중국은 해낼 수 있습니다. 아주 가난한 나라가 하룻밤 사이에 혁신을 이뤄내는 것은 불가능합니다. 배우는 과정이 필요하지요. 제가 전에 말했듯이 그 배우는 과정에는 서방에 문호를 개방하는 것, 서방의 중요한 것들을 배우는 것, 서방에 수십만 명에 달하는 학생들을 보내는 것 같은 것들이 포함됩니다. 그러다가 서서히 혁신이 일어나는 것이지요. 지금부터 30년 전의 중국은 혁신을 해낼 수 없었습니다. 그러나 오늘날의 중국은 미국도 갖지 못한 초고속 대륙횡단 철도를 갖고 있습니다. 또한 중국산 자동차들은 값이 저렴한 데 그치지 않고 GM이 만든 자동차들보다 더 효율적입니다. 여러분은 오늘날 GM의 이윤 가운데 대부분이 중국에서 창출된다는 것을 아셔야 합니다. 중국의 개입이 없었다면 GM은 미국 정부로부터 더 많은 구제금융을 받아야 했을 겁니다. 이것은 분명한 사실입니다.

저는 중국이 결국은 혁신을 이뤄낼 것으로 확신합니다. 그리고 그때까지는 차근차근 배워나갈 것입니다. 그러나 중국이 장차 아이폰을 갖게 될 것인가 하는 것은 다른 문제입니다. 혁신의 차원은 서로 다를 수 있으니까요. 아이폰이나 아이패드는 미국에서만 만들어질 수 있는 것인지도 모릅니다. 중국의 경제 제도, 사회 제도는 미국의 그것들과 다르니까요. 그리고 중국은 혁신의 첨단을 걷지 않을는지도 모릅니다. 세계에서 존경받는 중요한 나라가 되기 위해 반드시 혁신의 첨단을 걸어야 하는 것은 아니니까요.

니얼 퍼거슨 나도 아이폰에 대한 이야기를 많이 들었는데요, 그러나 그 이야기들에는 서방 사람들의 자기만족 추구 심리가 내포되어 있어요. 가령 멋진 아이디어는 항상 우리 것이고 그들의 자리는 항상 조립 라인이라는 것인데, 그런 생각은 이미 10년 전부터 현실과 맞지 않았습니다. 우리는 미래에 대해 이야기해야 합니다. 앞으로 2년 정도만 지나면 국제특허 건수에서 중국이 독일을 따라잡을 것으로 예상되는데, 그것은 중국의 교육기관들의 분투에 힘입은 바 큽니다. 그러한 기관의 하나가 리소장이 근무하고 있는 대학 연구소입니다. 중국의 교육기관들은 연구·개발에 엄청난 노력을 쏟고 있고 박사학위자 배출에 총력을 기울이고 있습니다. 제가 이야기하고 있는 것은 가령 미디어학 박사학위 같은 것이 아니라 공학 박사학위, 물리학 박사학위 같은 것들입니다.

그리피스 자카리아 씨도 이 주제에 대해 한 말씀을 해주시지요. 중국 사회가 자유로운 사회, 열린사회가 아니어도 혁신이 가능할까요?

파리드 자카리아 먼저 저는 이 주제에 대해 퍼거슨 교수나 리 박사의 견해에 동의한다는 것을 말씀드리겠습니다. 중국이 혁신을 이루는 것을 불허할 어떤 태생적 한계가 있다고 믿는 것은 잘못입니다. 중국은 혁신을 이뤄낼 것이고 뭔가 재미있는 일들을 해낼 것임에 틀림없습니다. 키신저 박사님과 제가 말하고자 하는 것은, 중국도 혁신을 성취할 것이고 우리도 혁신을 성취할 것이라는 것, 그렇게 해서 다채로운 세계가 형성된다는 것입니다. 제가 쓴 책에 "중국의 세계(The Chinese World)"나 "인도의 세계(The Indian World)"라는 제명을 붙이지 않은 이유가 그것입니다. 이제는 포스트 미국의 시대입니다. 세계 도처에서 혁신이 일어날 것입니다.

그러나 한 가지, 꼭 지적하고 싶은 것이 있습니다. 애플을 보시고 무엇이 혁신을 구성하는가를 한번 생각해보기 바랍니다. 애플은 오늘날 이 세계에서 가장 혁신적인 회사로 널리 받아들여지고 있습니다. 세계 혁신기업 리스트의 맨 첫 자리를 차지하고 있지요. 그런데 애플이 지난 10년 동안 연구·개발에 쓴 돈을 모두 합하면 마이크로소프트가 1년 동안에 쓴 돈에 해당합니다. 연구·개발비 지출 순위를 매겨보면 애플은 세계 82위에 불과합니다. 애플은 세계 대부분의 컴퓨터 회사들이 지출하는 금액의 50% 정도를 지출하고 있어요. 애플의 혁신은 인간이 마음속으로 기술을 어떻게 사용하는가를 최대한 존중하는 것에 따라 이뤄집니다. 이 사실은 여러분이 미디어학에서 박사학위를 따기 위해 공부한다면 당연히 알게 되는 그런 것입니다.

그런데 이것은 역사를 돌아보면 도처에서 발견되는 사실입니다. 재봉틀의 발명을 보면, 싱거(Singer)의 위대한 재능은 가장 좋은 기계를 만들어내는 일에 관계되었던 것이 아닙니다. 재봉틀을 여성들에게 할부로 판매한다는 아이디어를 낸 것이 그의 위대한 재능이었지요. 그때까지 여성을 상대로 기계를 판매한 사람은 아무도 없었습니다. 사실 구글의 위대한 혁신은 검색 엔진에 대한 것이라 하기 어렵습니다. 그보다는 검색 엔진에 따른 광고 프로그램이 구글 혁신의 본체라 해야 할 것입니다. 따라서 혁신이란 것의 일부는 이와 같이 기술과 소비자 행동 간의 일견 생소한 결합으로 구성됩니다. 저는 자본주의를 출범시킨 것은 복식 부기의 발명이라고 믿고 있습니다. 그런데 그것은 과학에 관한 발명이라 하기 어렵지요.

물론 중국은 그 나름의 방식으로 혁신을 성취해갈 것입니다. 그러나 미국의 생태계는 우리 모두가 이미 알고 있는 모든 것을 갖고 있습니다. 또한 저는 이것을 매우 중시합니다만, 미국인들은 기존 위계질서에 의문을 품을 줄 아는 능력을 갖고 있습니다. 이것은 대단히 중요한 능력입니다. 사람들이 아시아식 교육에 대해서, '타이거 맘'* 형(型)의 어머니들에 대해서 이야기합니다. 그런데 말입니다, 바로 제가 아시아식 교육 시스템하에서 성장한 사람입니다. 그런 저는 그것을 형편없는 시스템이라고 생각하고 있어요. 그 시스템하에서 학생들은 큰 시험을 앞에 두고 기계적인 암기에 열중합니다. 그리고는 시험이 끝나자마자 암기한 모든 것을 잊어버립니다.

미국의 시스템하에서는 학생들로 하여금 스스로 생각하게 하고 문제를 풀어보도록 가르치며 학생들로 하여금 계속해서 배우는 것을 즐기며 살아가도록 가르칩니다. 학생들에게 교육은 끊임없이 계속되는 과정으로 인식되며 어떤 실패를 했다 하

---

* *Battle Hymn of the Tiger Mother* (2011)을 언급한 것인데, 저자인 법학교수 추아(Amy Chua)는 이 책에서 그녀의 두 딸을 전통적인 중국 방식에 따라 어떻게 길렀는가를 이야기하고 있다.

더라도 그것이 수치감을 안겨주지 않습니다. 사실 효과적으로 실패할 수 있는 능력이 곧 혁신을 가져올 수 있는 능력입니다. 중국도 물론 혁신을 성취해 나갈 것입니다만 제 생각에 미국에는 아주 특별한 무엇인가가 있습니다.

그리피스　이제 질의·응답의 두 번째 세션으로 넘어가겠습니다. 두 번째 분야는 정치와 문화 분야입니다. 이 분야를 시작하면서 먼저 '멍크 국제문제학교'의 학교장 재니스 스타인(Janice Stein) 박사를 연결하겠습니다.

재니스 스타인　리 소장과 자카리아 박사께 질문하겠습니다. 최근 튀니지의 광장, 이집트의 광장에 쏟아져 나온 젊은이들이 정치적 권리들을 요구하고 부패한 독재자들에 대해 물러나라고 요구하는 장면들을 전 세계가 놀란 마음으로 지켜보았습니다. 그러나 물론 아랍 세계와 중국을 똑같이 바라볼 수는 없지요. 중국은 성숙한 사회고 아랍 세계는 아직 어리다고 할 수 있습니다. 또, 중국은 수억 개의 일자리를 창출했고 아랍의 정부들은 그렇게 하지 못했지요. 그러나 아랍 세계와 마찬가지로 중국도 반대자들을 관용하지 않고 있으며, 아랍 세계와 마찬가지로 중국 내부에 소득 불평등이 증가하고 있습니다. 중국이 바야흐로 지도부 교체시기를 맞고 있는 지금 저는 이렇게 묻고 싶습니다. 중국에 정치적 제(諸) 권리에 대한 요구가 커지고 있는가? 중국 지도부는 그것에 어떻게 대처할 것인가?

데이비드 리 질문해주셔서 고맙습니다. 그런 질문이 나올 것으로 예상했지요. '아랍의 봄'에 대한 이야기를 저에게 상기시킬 필요도 없습니다. 우리는 처음부터 그런 일이 일어나리라는 것을 알고 있었으니까요. 중국이 경제적으로 성공할 시 더 많은 목소리가 터져 나올 것이라는 것, 다시 말해 의사 표현의 자유를 요구하는 목소리, 의사 결정에 더 많이 참여할 권리를 요구하는 목소리들이 터져 나올 것이라는 것을 중국 인민들은 알고 있었습니다.

중국 인민들은 처음부터 경제 제도의 변화는 정치 제도의 변화를 수반하리라는 것을 알고 있었습니다. 사람들이 중국에 대해서 가장 잘못 알고 있는 것은, 중국의 정치 제도가 변하지 않을 것이라는 겁니다. 중국의 정치 제도는 변합니다. 우선 지도

75

자들이 선택되는 방법이 변하고 있습니다. 오늘날 중국의 지도자들이 선택되는 방법이나 공적 결정들이 이뤄지는 방식은 옛날보다 훨씬 더 복잡해졌고 더 세련되어졌습니다. 중국의 젊은이들은 인터넷을 통해 자신의 의견을 표현할 수 있고, 그리고 그 목소리들은 무시되지 않고 그에 따라 공적 결정들이 바뀝니다. 저는 여러분들이 중국에 가서 젊은이들과 대화를 나눠보고 중국의 웹사이트들에 들어가 볼 것을 청합니다. 그럼으로써 중국에 어떤 변화가 일어나고 있고 중국 인민들이 어떻게 자신의 의견을 나타내고 반대를 표명하고 있는가를 알아주셨으면 합니다. 그리고 오늘날 공공 정책 결정자들이 인민의 의견을 얼마나 존중하는지를, 특히 젊은이들의 의견을 얼마나 반영하는지를 알아주셨으면 합니다.

파리드 자카리아 나는 5년 전이었다면 리 소장의 의견에 동의했을 겁니다. 당시 중국은 매우 점진적이고 매우 제한된 것이었기는 하나 분명히 정치 개혁을 향해 나아가고 있었지요. 중국은 지난 5년 동안에 대단히 빠른 속도로 경제 개혁을 이루고 경제 성장을 이뤄냈습니다. 그렇지만 정치 개혁의 면에서는 후퇴를 보였습니다. 그러나 세계에 '아랍의 봄' 같은 일들이 일어나고

있는 만큼 중국이 정치적 통제를 유지하는 것이 더욱 어려워졌
어요. 우리가 보기에 중국은 정치적 개방에 대해 소극적이고 획
기적인 정치 개혁을 향한 의지가 없어 보입니다. 오히려 문을
닫아거는 것 같아요. 중국의 구글에 '재스민'이란 말을 쳐보세
요. 틀림없이 빈 페이지가 나올 것입니다. 중국에서도 '재스민
혁명'* 같은 것이 일어날까 두려워하기 때문이지요. 중국은 인
터넷을 모니터링하는 데 100만 명을 동원하고 있습니다. 휴대
폰 메시지도 모니터링되고 있어요.

제가 개인적으로 겪었던 것을 이야기해볼까요? 우리 TV 프
로그램을 위해 원자바오 총리를 인터뷰한 적이 있습니다. 그것
은 제가 어렵사리 따냈던 중요한 인터뷰였습니다. 그리고 중국
정부도 매우 중요한 인터뷰라고 인정하여 공식적으로 인터뷰
계획을 공표했었지요. 그 인터뷰에서 원 총리는 중국의 정치가
결국 어떻게 진화할 것인가에 대해 대단히 온건한 이야기들을

---

* 2010년 12월에 튀니지에서 시작된 민중 봉기로, 그 결과 2011년 1월 제
  인 엘아비디네 벤 알리 대통령이 퇴장했다. '재스민 혁명'이란 말은 지
  엣 엘 하니라는 튀니지의 언론인 겸 블로거가 이 나라의 국화(國花)인
  재스민을 끌어다 그들의 봉기에 이름을 붙인 데서 유래한다.

했습니다. 그러나 그 인터뷰는 중국 TV에 나가지 못했고 중국의 웹사이트들에서도 들어내어졌습니다. 저는 중국이 정치 개혁을 향해 나아간다는 생각을 할 수 없었어요. 다음에 일어날 것이 두려워 그냥 바퀴를 공회전시키고 있는 것이 아닌가 하는 생각만 들었습니다. 중국은 분명 인민들에게 점점 더 많은 자유를 부여해왔습니다. 그것을 의심할 생각은 전혀 없습니다. 그러나 중국의 중산층은 부상하고 있고 그들은 지도자들에 대해 더욱 더 큰 책임성(accountability)을 요구해갈 것이거니와, 그러한 요구들을 수용할 수 있는 정치 시스템을 어떻게 구축할 것인가에 대해 중국은 답을 내놓아야 합니다.

인도와 중국을 비교해볼 때 저는 중국이 작은 문제들은 모두 해결했다고 생각합니다. 중국은 전국 각지에 국도를 깔았고 자동차 전용도로망을 잘 부설했으며 고속철도 부설도 성공적으로 해냈습니다. 너무 잘 해서 우리 인도가 부끄러울 지경이지요. 그러나 인도는 한 가지 아주 큰 문제를 해결했습니다. 무슨 문제냐 하면, 지금부터 25년이 지난 뒤에도 유지될 수 있는 정치 체제를 구축해놓은 것입니다. 아마 인도의 민주주의는 앞으로도 지금과 똑같이 소란스럽고 무질서할 것입니다. 그런데 지금부터 25년 후의 중국의 정치는 어떤 것이 되어 있을까요? 청조(淸朝)의 엘리트 관리들 같은 지배층이 그때도 있을까요? 중국공산당은 오늘날 세계에서 가장 엘리트주의적인 정치 조직입니다. 중국의 엘리트들은 모두 리 소장처럼 보입니다. 모두 박사학위를 가졌고 모두 엔지니어들입니다. 그러나 그들이 중국의 전부는 아닙니다. 그들이 통치하는 사람들은 방대한 규모에 달하는 농민층입니다. 그런데 그들의 정치적 대변자는 존재하지 않아요. 그들의 견해는 여러 메커니즘을 통해 대부분 걸러집니다. 이것이 앞으로 중국이 씨름해야 할 거대한 정치적 과제가 아닌가, 그렇게 생각합니다.

그리피스 이쯤 해서 청중들은 키신저 박사님의 의견을 듣고 싶어 할 것 같은데요?

헨리 키신저 다음 10년 동안 중국은 그 경제 발전에 걸맞은 정치 제도를 어떻게 수립할 것인가 하는 문제와 씨름하는 데 온 정신을 빼앗길 것으로 봅니다. 이미 경제적으로 거대한 변화가 일어났고 수많은 사람들이 이동했으며 교육 기회가 널리 제공된 만큼 이 문제가 중국의 새 지도부의 중심 과제가 되리라는 것은 너무나 명백합니다. 그리고 그렇게 되는 데 1년 반밖에 안

남았습니다.[*] 그것이 어떤 형태를 취하든, 가령 서구식 의회제 민주주의의 형태를 취하든 아니면 우리가 보지 못한 어떤 새로운 형태를 취하든 간에, 그것은 본질적으로 더 큰 투명성과 더 많은 참여를 포함하지 않으면 안 될 것입니다. 중국의 다음 지도부는 이러한 요청을 반영할 것이라고 저는 믿습니다. 자신을 근본적으로 변화시키는 데 온 정신을 쏟아야 할 나라가 세계를 지배하는 데 많은 시간과 노력을 들일 수 있을까요? 이것이 21세기는 중국의 것이 되리라는 데 반대하는 이유의 하나입니다.

그리피스   퍼거슨 교수께 기회를 드려야 할 것 같네요.

니얼 퍼거슨   몇 년 전 『자유의 미래』란 책을 읽은 적이 있는데요, 그 책의 저자인 대단히 총명한 젊은 저널리스트는 서구 민주주의에 문제가 많다고, 특히 미국의 민주주의에 문제가 많다고, 그리고 그것들이 점점 더 악화되고 있다고 썼습니다. 그 저자가 누구냐? 바로 파리드 자카리아 씨입니다!

---

[*]   2012년 10월에 개최 예정인 중국공산당 제18차 당 대회를 가리키는 것으로 보임. __ 옮긴이

지금부터 2050년까지로 한정해서 말하겠는데요, 이 시기에 '서구 민주주의'가 우리 모두 채택해야 할 단 하나의 보편적 모형이라고 생각한다면 그것은 대단히 큰 오류다 하는 판단에 아마 키신저 박사님도 ─ 비록 완전히 우리 쪽으로 넘어오시지는 않는다 하더라도 ─ 이 판단에는 충분히 동의하실 것이라고 생각합니다. 자카리아 씨가 미래의 세계를 그와 같이 그리고 있다면 자카리아 씨는 대단히 실망하게 될 것입니다. 중동에 대해 말한다면, 이들 나라에 서구식 민주주의가 등장할 가능성은 기껏해야 5%나 될까요? 리 소장은 그의 사려 깊은 오프닝 스피치에서 기존 민주주의와는 다른 새로운 어떤 것이 등장할 수도 있다는 뜻을 내비친 바 있습니다. 저는 여러분이 그가 한 말을 심각하게 받아들였으면 합니다. 싱가포르 정부는 '재스민 혁명' 같은 것이 일어날까 걱정하지 않습니다. 싱가포르가 그 모형일 수 있습니다. 전문 기술인들이 지배하는 거대한 싱가포르를 한번 상상해보세요. 그리고 그러한 일당 지배 국가가 점차 자신을 변화·발전시켜 소비에트 러시아의 붕괴 같은 대파국을 피하는 데 성공하는 것을 상상해보세요.

제 두 번째 논지는, 이것은 제가 키신저 박사와 의견이 다른 부분입니다만, 어떤 나라가 좀 더 독단적이고 공격적인 대외 정책을 취하는 것은 흔히 그 나라가 내부적으로 어떤 심각한 정치적 문제를 갖고 있거나 또는 아래로부터의 심각한 도전에 직면했을 때입니다. 이것이 고대사의 교훈일 뿐 아니라 근대사의 교훈이라는 것은 분명합니다. 따라서 저는 요즘처럼 정치적 긴장의 수위가 고조될 경우 중국은 더욱 민족주의적이고 더욱 독단적인 태도를 취하기 쉽다고 생각합니다. 그리고 이것이 우리의 논제에 제가 찬성 입장을 취하는 이유의 하나이기도 합니다.

그리피스 질의·응답의 마지막 세션에 들어가기 전에, 중국의 부상의 실제(實際)에 대해 오랫동안 면밀히 관찰해온 한 분과 전화 연결해보겠습니다. 그 분은 미국의 전 국방장관 윌리엄 코헨(William Cohen) 씨입니다.

윌리엄 코헨 괜찮다면, 퍼거슨 교수의 싱가포르와 관련한 언급에 대해 한 말씀을 드리고 싶습니다. 제가 2주쯤 전에 이른바 '상그릴라 대화(Shangri-La Dialogues)'*에 참석차 싱가포르에 갔

---

* 국제전략연구소(International Institute for Strategic Studies: IISS) 주최 아시아안보회의(Asia Security Summit)를 가리키는데, 동 포럼이 시작된

습니다. 게이츠 국방장관도 참석했는데, 그는 미국이 아시아-태평양 지역에 깊이 개입되어 있는 현 상태를 유지할 필요성과 관련하여 매우 강력한 발언을 했습니다. 그리고 아시아 나라들을 만족시키기 위한 발언들을 했는데, 많은 아시아 나라들이 중국에 대해 우려하고 있었거든요. 저는 한 젊은이와 이야기를 나누었는데, 자카리아 씨의 책에도 등장하는 젊은이입니다만, 그는 말하기를 아시아인 가운데 중국의 지배를 받고 싶은 사람은 아무도 없다는 것이었습니다. 아시아에 '아메리칸 드림'은 존재할 수 있으나 '차이니즈 드림' 같은 것은 존재하지 않습니다. 아시아인들 간에는 중국의 경제가 계속 팽창함에 따라 그 군사력도 팽창하고 있다는 데 대한 우려가 증대하고 있습니다. 동시에 미국이 부채 문제 때문에 점점 더 내부 지향적으로 되면서 아시아에는 충분한 병력을 주둔시킬 수 없게 되는 것 아닌가 하는 우려가 있습니다. 그래서 그들은 미국이 그 지역에 대한 개입의 수준을 지금까지보다 더 높여 주기를 원하고 있었습니다.

자카리아 씨, 당신은 책에서 미국은 중국과 협력할 방법들을

2002년부터 싱가포르의 상그릴라 호텔에서 모임들이 개최된 데 따라 '상그릴라 대화'라는 이름으로 불리게 되었다.

찾지 않으면 안 된다고 썼더군요. 미국과 중국은 서로 협력해서 풀어갈 수 있는 많은 문제들을 갖고 있습니다. 그리고 그것이 어떤 것들인지는 대체로 알려져 있기도 하고요. 그러나 서로 부딪치는 영역들도 있습니다. 가령 타이완 문제나 남중국해 문제 같은 것이 그런 것들입니다. 자카리아 씨는, 우리가 선(線)을 그을 필요가 있다는 이야기를 한 바 있습니다. 물론 우리가 아무 데나 함부로 선을 그어댈 수는 없습니다. 그러나 남중국해로 말하면 인도네시아, 말레이시아, 필리핀 등등 여러 나라가 분명 문제를 제기하고 있습니다. 대단히 아이러니컬합니다만, 베트남까지 우리 미국에 대해 이 지역의 영토주권 문제를 푸는 데 한 역할을 해줄 것을 요청하고 있는 형편입니다. 그런즉, 저는 자카리아 씨 또는 키신저 박사께 묻겠습니다. 남중국해에 대한 중국의 영유권 주장에 선을 긋는 것을 지지하십니까?

헨리 키신저   당신의 대단히 구체적인 질문에 대해 이렇게 대답하겠습니다. 저는 공해의 자유(freedom of seas)가 미국의 기본원칙이며 국제 사회의 기본원칙이라고 생각합니다. 따라서 어떤 바다든 영토 문제로 다루어져서는 안 됩니다. 그 다음으로, 어떤 섬 또는 암석이 어느 나라 소유냐에 관한 분쟁들이 있는데요, 그것들은 협상을 통해 처리되어야 합니다. 여느 공해와 마찬가지로 남중국해에 대해서도 공해의 자유라는 원칙이 적용되어야 할 것입니다. 그러나 두 번째로 제가 강조하고 싶은 것은 이것입니다. 우리가 중국과의 새로운 관계를 선(線)을 그을 수 있느냐 없느냐의 관계로 규정할 수도 있겠습니다만, 저로서는 중국과의 관계를 중국에 대한 군사적 봉쇄의 문제로 생각하기 시작한다면 그것은 극히 위험한 행동이라고 믿습니다. 중국의 부상은 불가피합니다. 문제는 그러한 중국을 어떻게 다룰 것이냐 입니다. 아울러 중국은 설정될 수 있는 어떤 한계 안에서 스스로 자제할 줄 알아야 합니다.

미국은 중국을 향해 자신의 내부 문제들을 모두 해결해달라고 부탁할 수 없습니다. 우리 스스로 경쟁력을 갖고 그것을 유지해 나가지 않으면 안 됩니다. 그리고 우리가 경쟁력을 유지해 나간다면, 그때 우리는 미국과 중국 간의 대화에서 ─ 또는 지금부터 5년이나 10년 후의 세계가 어떤 세계가 되었으면 좋겠는가에 대해 우리와 같은 생각을 가진 나라들과 중국 간의 대화에서 ─ 진전을 이뤄 나가는 것을 우리의 과제로 삼을 수 있을 것입니다. 저는 지금도 퍼거슨 교수가 그의 첫 번째 저서에서 했던 질문을 계속 묻고 있습니다. 무슨 질문이냐 하면, 이것입니다. 만약 1914년의 유럽 지도자들이 1990년의 세계는 어떤 모습일까를 알았다면, 사라예보*에서 일어난 일이 그 후의 수천만 명의 사상자 발생을 정당화해줄 수 있을 것으로 생각했을까요? 마찬가지로 오늘날의 세계 지도자들은, 그리고 중국의 지도자들은, 이 사태 진행**을 어떻게 대결이 아닌 협력의 방법으로 관리할 수 있을 것인가를 자문하지 않으면 안 된다고 생각합니다. 저는 세력 균형의 원칙에 입각하여 대외 정책을 폈습니다. 그러한 게임을 어떻게 수행해야 하는지, 저는 잘 알고 있습니다. 따라서 미국이 어떻게 게임을 수행해야 하는지를 제가 알려고 들지 않는 데에 문제가 있는 게 아니지요.

언젠가 중국의 한 그룹을 상대로 이야기를 한 적이 있습니다. 당시 한 사람이 벌떡 일어나더니 이렇게 말하더군요. "박사님은 중국의 위대한 벗입니다만, 우리 모두는 박사님이 쓴 책들을 읽었습니다. 박사님은 책에서 세력 균형에 대해 이야기하셨습

---

* 오스트리아의 황태자 페르디난드(Franz Ferdinand)와 그의 부인 소피 (Sophie)가 1914년 6월 28일 사라예보에서 암살된 사건으로, 제1차 세계대전의 발발을 가져왔다.

** 중국이 세계적 초강국으로 부상하고 있는 것을 말함. __ 옮긴이

니다. 앞으로 세력 균형을 어떻게 관리해 나갈 생각입니까?" 그
래서 제가 대답했죠. "주변을 둘러보세요. 중국과 국경을 맞대
고 있는 나라들을 보세요. 이것이 그런 식으로 생각할 수 있는
문제인가를 스스로에게 물어보세요"라고 말입니다. 남중국해
문제와 관련하여 제 조언은 분명합니다. 남중국해에 대해 어느
한 나라가 주권을 주장해서는 안 된다는 것입니다.

그러나 우리가 최고위 지도자들에게 진짜 물어야 할 것은 그
들이 이 디베이트에서도 나왔던 그런 질문들을 스스로에게 해
보느냐 입니다. 다시 말해 월별로 위기를 관리하고 지도자들이
만날 때마다 멋진 공동선언문을 내놓지만 두 달만 지나면 누군
가의 입에서 "중국이 어디서 삼천포로 빠졌지?" 또는 "서방이
어디서 삼천포로 빠졌지?"라는 말이 나오는 그런 방식이 아니
라, 지금부터 5년이나 10년 후에 우리가 가 있기를 바라는 지점
을 설정한 다음 그 지점에 입각하여 일을 처리해 나가도록 (지도
자들에게__옮긴이) 촉구하는 것입니다. 이것이 제 기본적 관점입
니다. 따라서 남중국해 문제로 말하면, 우리가 항해의 자유와
관련하여 어느 지점에서 입장을 분명히 해야 하는가는 분명합
니다. 그러나 이 문제는 단지 시작에 불과합니다. 우리는 이제
우리가 새로운 세계 질서를 향해 나아가고 있으며 새로운 세계

질서는 기존의 습관적인 사고와 인습적인 원칙들로는 조성될 수 없다는 것을 이해하지 않으면 안 됩니다. 그리고 그러한 이해는 떠오르고 있는 나라 중국을 대하는 데에서도 당연히 필요합니다. 문제는, 중국이 자제할 수 있느냐는 것입니다. 그리고 미국도 그 영향력이 기왕의 그것보다 감퇴하는 것을 받아들일 수 있느냐는 것입니다. 이것이 우리에게 주어진 도전적 과제이지요.

그리피스 자카리아 씨, 미국은 이 새로운 단계에서 자제하는 것을 배울 수 있을까요? 당신이 느끼기에 미국 사회는 중국에 대해 어떤 태도를 취하는 것 같나요? 미국인들은 중국의 부상을 받아들일 마음의 준비가 되어 있나요?

파리드 자카리아 사람들은 미국의 대외 정책이 일관성이 없다고, 끊임없이 왔다갔다 해왔다고 믿는 경향이 있습니다. 그런데 미국의 대(對)중국 정책으로 말하면, 그와 같은 믿음은 전혀 사실과 다른 것이라고 말하지 않을 수 없습니다. 키신저 박사가 중국의 문을 열어젖히고 미국과 중국 관계를 정상화한 이래 미국은 대단히 일관성 있게 대중국 정책을 펴왔습니다. 미국의 정

책 기조는 중국을 세계에 통합시키고 중국으로 하여금 세계의
지식과 노하우, 기술과 자본, 그리고 각종 제도적 틀을 획득하
도록 돕는 데 있었고, 그 결과 중국은 국제 사회에서 매우 생산
적이고 번창하는 일원이 될 수 있었습니다. 이 같은 정책 기조
는 민주당 정권하에서건 공화당 정권하에서건 구별 없이 유지
되었지요. 정말이지 그 일관성은 유례가 없을 정도였습니다. 우
리의 레드라인들(red lines)이나 대(對)타이완 정책 또는 대(對)달
라이 라마 정책들도 일관성을 유지해왔습니다. 미국 대통령은
예외 없이, 물론 미국에 중요한 몇 가지 핵심 이익과 가치들을
견지하면서, 중국과 대단히 강력한 협력 관계를 형성·발전시켜
왔습니다.

  지금 현재 미·중 관계와 관련하여 저의 가장 큰 우려는 미국
을 향하고 있지 않습니다. 미국은 지금까지 그리 해왔던 것처럼
앞으로도 동일한 역할을 계속할 것입니다. 미국은 중국과 기타
신흥 시장국들의 부상을 적절히 반영하기 위해 IMF와 세계은
행 및 그 밖의 모든 국제기구를 개혁하는 데 기꺼이 동의하고
협조해왔습니다. 여기서 우리가 솔직히 얘기해볼까요? 그러한
개혁 조치들은 유럽 제국이 바라는 바가 아니었습니다. 왜냐하
면 그것은 곧 유럽 제국의 투표권이 약화된다는 말과 다름 아니

었으니까요.

더 큰 문제는, 중국이 키신저 박사가 말씀하신 정치적 변화를 수행한 결과 (우리와는 _옮긴이) 매우 상이한 길을 걸어갈 수 있다는 점입니다. 퍼거슨 교수는 중국이 점점 더 민족주의적이고 더 독단적이고 거만해져 가고 있다는 말을 했는데 저는 지금 그 말이 아주 옳은 말이라고 생각합니다. 요즘 중국 내에서는 덩샤오핑이 설계한 따오광양휘(韜光養晦, 재덕을 숨기고 때를 기다린다는 뜻 _옮긴이) 정책이 시대에 뒤떨어진 것으로 생각하는 사람이 늘고 있다고 합니다. 그러한 정책은 중국이 소련과 대치하던, 그리고 미국의 기술과 자본이 필요하던 시기에나 맞는 정책이라고 중국인들은 이제 공공연히 말하고 있어요. 당시 중국은 WTO에 가입하기 위해서도 미국의 도움을 필요로 했었지요. 그러나 이제 중국은 필요한 모든 것을 손에 넣었습니다. 따라서 기왕의 노선과 새 노선 사이에 큰 차이를 보일 나라는 미국이 아니라 중국일 가능성이 훨씬 높습니다.

그리피스 그렇다면 리 소장에게 물어야 할 것 같네요. 자카리아 씨의 말씀은 당신들의 입장과 관련하여 중대한 문제를 제기하고 있습니다. 무슨 문제냐 하면, 중국이 모종의 레드라인들을

(지키지 않고__옮긴이) 무시하고 나설 것이냐 하는 문제입니다. 리 박사, 어떻게 생각하시나요?

데이비드 리 말씀드리죠. 제가 본 바로는 중국 측이 그런 어려운 문제들에 대해 좀 더 나은 해결책을 얻기 위해 노력할 용의를 갖고 있다는 것입니다. 중국 측은 항상 그런 태도를 취해왔거니와, 이것은 새로운 이야기가 아닙니다. 우리 중국은 수많은 상대국들과 (무슨 문제에 대해서나__옮긴이) 좀 더 나은 해결책을 얻기 위해 노력할 용의를 갖고 있습니다. 그러나 우리가 미국의 개입주의 정책에 대해서도 해결책을 찾아야 하나요? 문제의 본질은 세계 금융위기 이후 미국의 자신감이 저하되었다는 것이고, 그 결과 미국은 중국에 대해 상충되는 시그널들을 보내왔다는 것입니다. 미국 백악관은 대중국 정책에서 매우 분명한 입장을 보여 왔지만 미국 의회나 대통령선거의 후보자들은 아주 상충되는 시그널들을 보냄으로써 우리 중국인들로 하여금 과연 미국의 정책이 무엇인지 때때로 의문을 품게 만들었습니다. 그래서 중국인들은 그러한 것들을 외부 세계가 중국의 경제적·정치적 부상에 대해 점점 더 적대적으로 되고 있다는 시그널로 받아들입니다. 바로 이것이 문제입니다.

저는 서방측이 이 문제에 대한 이해의 폭을 넓히기를, 상대적으로 작은 문제들을 좀 더 큰 맥락에 비추어 생각해보기를, 그리고 중국은 자신의 입장을 바꾸지 않았다는 것을 알아주기를 권하고 싶습니다. 서방측은 금융적 도전들을 포함하여 자신의 문제들을 해결해야 합니다. 그리하여 서방측이 자신감을 회복하게 되면 중국은 서방측과 더 쉽게 협력할 수 있을 것입니다.

니얼 퍼거슨 신사 숙녀 여러분, 중국의 힘을 과시하는 이런 목소리를 지금까지 들어본 적이 있나요? 리 박사의 목소리에 주목하십시오. 이제 여러분은 이런 목소리에 익숙해지지 않으면 안 됩니다! 이것이 제가 요 근래 중국에 가서 학자나 정치인들을 만날 때마다 들었던 목소리, 즉 확고하고 자신감 넘치고 좀 더 독단적으로 변한 중국인들의 목소리입니다.

다시 우리의 소(小) 논제로 돌아가서, 미국이 과거 아이젠하워 행정부나 닉슨 행정부 시절에 했던 것처럼 지금도 아시아의 어느 곳이든지 원하는 곳에 선을 그을 수 있을까요? 저는 그럴 수 없다고 생각합니다. 다만 그 이유에서 저는 리 소장과는 관점이 다릅니다. 미국에 그런 행동을 뒷받침해줄 자원이 있나요? 미국이 앞으로 어떤 길을 갈 것인가에 대해 미 의회예산처

가 그리고 있는 것을 한번 들여다보시기 바랍니다. 그리고 짐
베이커(Jim Baker)*가 ≪월스트리트저널≫에 기고한 글**을 보
셨는지 모르겠지만, 그는 앞으로 9년이 지나면 미국은 국가 안
보에 대해서보다 연방 채무의 이자를 갚는 데 더 많은 돈을 쓰
게 될 것이라는 결론을 내리고 있습니다.

　미 의회예산처는 미국이 해외 병력을 3만 명 수준으로 축소
한다면 얼마만큼의 예산을 감축할 수 있는가를 보여주고 있습
니다. 와우, 3만 명이라니! 미국이 중국에 대해 "여기까지야, 더
이상은 안 돼!"라고 말할 수 있다는 생각, 그리고 앞으로도 레

---

　*　미국 레이건 대통령의 수석보좌관, 부시(아버지 부시) 행정부에서 재무
　　장관을 역임했음. __ 옮긴이
　**　James A. Baker, "How to Deal with the Debt Limit," *Wall Street Journal*,
　　June 17, 2011. 베이커 전 미국 재무장관은 이 기고문에서 "안개 속에서
　　점점 거대한 형체를 드러내고 있는 '채무 위기(debt crisis)'를 우리가 정
　　면에서 다루기를 계속 기피한다면 그 이자가 소용돌이치듯 커져 종내
　　우리가 감당할 수 없게 될 것이다. 의회예산처의 최근 보고서에 의하면
　　연간 국채 이자 지불액이 2020년에 이르면 지금의 4배인 9,160억 달러
　　에 달할 것이라고 한다. 금년에 우리는 국채 이자를 지불하는 데 국방비
　　의 30%에 해당되는 돈을 쓴다. 그러나 9년 후에는 국채 이자 지불에 국
　　방비보다 8% 더 많은 돈을 써야 할 것이다 ……"라고 했다. __ 옮긴이

알폴리티크(realpolitik)를 구사할 수 있다는 생각 ─ 다시 말해 군사 행동의 위협을 통해 세력 균형을 추구할 수 있다는 생각은 점점 더 비현실적인 것이 되고 있어요. 앞으로 10년이 채 못 가 우리는 그런 것들이 불가능한 세계에 들어갈 것입니다. 그리고 바로 그것이 이번 디베이트의 포인트입니다. '파워 시프트'는 그런 식으로 일어나는 것입니다. 그것은 우리가 거의 알아차리지도 못하는 가운데 일어나는데, 그러나 일단 일어나면 신사 숙녀 여러분, 그때 여러분은 도처에서 리 소장의 목소리 같은 것들을 듣게 될 겁니다.

그리피스 신사 숙녀 여러분, 벌써 우리 쟁론자들께 클로징 스피치를 부탁할 시간이 되었군요. 쟁론자들께는 아직도 마음을 정하지 못한 분들의 마음을 살 수 있도록 각각 마지막 3분이 주어집니다. 클로징 스피치의 순서는 오프닝 스피치의 순서와 반대로 하겠습니다. 따라서 키신저 박사님께서 먼저 해주시겠습니다.

헨리 키신저   우리의 이슈는 중국이 커질 것이냐 아니냐가 아닙니다. 중국은 분명히 커지고 있습니다. 우리의 이슈는 두 가지입니다. 중국이 증대하는 능력들을 어떻게 사용할 것이냐가 그 하나이고, 미국과 동맹국들이 새로운 국제 환경에 기꺼이 적응할 것이냐가 다른 하나입니다. 중국이 21세기를 지배할 것으로 보아야 할 이유를 저는 찾을 수 없습니다. 다만 21세기에 중국은 더 큰 역할을 하겠지요.

미국에게는 발전의 한 세기를 뒤로 하면서 스스로를 다시 규정할 수 있느냐의 여부가 과제가 되고 있고, 마찬가지로 중국도 그 경제적 성장에 따라 강화된 자신을 어떻게 재규정할 것이냐의 과제를 안고 있습니다. 저는 미국이 선을 긋겠다면 그을 수 있는 힘을 갖고 있다고 생각합니다만, 우리는 잘 선택해야 합니다. 그리고 그보다 더 중요한 것은, 우리를 갈라놓는 선들이 (결정적으로 중요한 역할을 하는 것이) 아니라 우리가 함께 하여 얻는 것들이 결정적으로 중요한 역할을 하는 그런 관계의 형성을 위해 애써야 한다는 것입니다.

그리피스   다음은 리 소장의 3분입니다.

데이비드 리 오프닝 스피치에서 제가 했던 말을 되풀이하는 것으로 시작하겠습니다. 중국은 지난 30년 동안 변화의 길을 달려왔는데 지금 중국은 그 길의 기껏해야 절반 정도를 지났습니다. 중국은 여전히 변화의 와중에 있습니다. 그리고 아직도 변화를 위한 충분한 에너지를 갖고 있습니다. 변화는 경제 분야에 그치지 않을 것입니다. 사회 분야, 그리고 정치 분야에서도 변화가 일어날 것입니다. 그리고 제가 여러분께 말씀드리고 싶은 것은, 부상하는 중국의 목표가 세계 지배에 있지 않다는 것입니다. 중국은 결코 세계를 지배하고 싶은 마음이 없습니다. 이 세계를 지배하는 나라는 단 한 나라, 미국이 있을 뿐입니다. 세계 지배를 두고 미국과 다투는 것은 중국의 꿈, 중국의 열망하는 바가 아닙니다. 그것은 중국의 능력 밖에 있는 일입니다. 게다가 그것은 우리의 유교적 전통에 내포된 유전 인자도 아닙니다.

제 말을 이해하셨다면, 한 걸음 더 나아가 저는 여러분께 다른 각도에서 생각해보기를 촉구하고 싶습니다. 지난 500년 동안을 지배해온 서방의 철학, 서방의 관점을 잊어버리세요. 국제 관계를 승자와 패자의 관점에서 바라보는 것을 버리세요. 대신 전통적인 중국 철학자들, 즉 유학자들의 시각으로 세상을 바라보세요. 유학자들은 각 개인이 외부 세계와 평화를 유지하는 세상, 즉 각인이 서로 평화를 유지하고 또 각국이 서로 협력하여 국제 분쟁을 해결하는 그런 조화로운 세상을 옹호했습니다. 저는 여러분께 현재 중국의 경제와 사회에 일어나고 있는 변화들을 그런 관점에서 바라보시기를 촉구합니다.

마지막으로 저는 여러분께 좀 기다려달라는 말씀과, 우리 중국인들은 이제 방관자가 아니라 참여자라는 것을 알아달라는 말씀을 드리고 싶습니다. 우리가 적의를 가진다면, 우리가 중국의 부상에 대해 근심하고 미국의 상대적 쇠퇴나 또는 서방의 쇠퇴에 대해 근심한다면, 그것은 세계에 문젯거리들을 만들어낼 것이고 중국 내부에 외부를 부정하고 의심하는 세력을 형성시킬 것입니다. 그럴 경우 세계는 정말 살기 불편한 곳으로 될 수 있습니다. 그러므로 마지막으로 여러분께 우리의 이슈에 대해 다시 한 번 생각해보시기를 촉구하고자 합니다. 중국이 부상하는 것은 중국이 세계를 지배하리라는 것을 의미하지 않습니다. 21세기는 중국의 것이 될 수도 있고 다른 어떤 나라의 것이 될 수도 있습니다. 세계의 조류를 기꺼이 따르겠다는 나라라면 말입니다. 우리 모두 21세기를 함께 차지합시다. 감사합니다.

파리드 자카리아 목하 서방 세계에 대한 믿음이 위기에 처해 있습니다. 전에 보지 못한 낯선 도전들을 받고 있고 또 몇몇 나라들이 부상하여 개가를 부르는 것을 보면서 우리의 믿음이 더욱 흔들리고 있습니다. 미국의 위대한 정치가이자 문필가인 조지 케넌(George Kennan, 1904~2005)*은 여러 번 되풀이해서 미국이 소련의 도전을 견뎌내지 못할 것이라는 글들을 썼는데, 왜냐하면 우리는 약하고 쉽게 마음을 바꾸는 반면 소련은 전략적이고 멀리 내다볼 줄 알기 때문이라는 것이었습니다. 우리는 전술적이었고 어리석었지요. 그러나 결국 우리가 옳았다는 것이 드러났지 않습니까? 중국에 대해서도 똑같은 생각을 하는 경향이 있습니다. 중국인들은 믿을 수 없을 정도로 멀리 내다보는 사람들이고 미국인들은 비틀거리며 걷는 바보들이라는 거지요.

그 좋은 예가 될 만한 이야기가 있습니다. 누군가가 중국의 저우언라이에게 프랑스 혁명에 대해 어떻게 생각하느냐고 물었답니다. 그 자리에 키신저 박사님도 아마 계셨던 것으로 기억하는데요, 저우언라이는 그 물음에 "평가하기에는 너무 빠르지요"라고 대답했습니다. 그러자 모든 사람이, '오 마이 갓! 이 사

* 미국의 외교관, 정치학자, 역사학자. 소련에 대해 봉쇄 정책을 주창한 것 때문에 '봉쇄의 아버지(the father of containment)'라 불렸다.

람 정말 천재로군. 저렇게 멀리 보다니 ……, 5년, 10년이 아니라 100년을 단위로 생각하는구나!'라고 속으로 경탄했다는 겁니다. 그런데 그때 그가 이야기한 프랑스 혁명은, 나중에 알고 보니, 1789년의 대혁명이 아니라 1968년에 있었던 학생 혁명을 가리켰습니다. 그때가 1973년이었으니 "평가하기에 너무 빠르다"는 그의 말은 그저 합당한 이야기에 불과했는데 말입니다 …….

그러므로 저는 중국인들은 전략적으로 사고하는 리더들이고 미국인들은 비틀거리며 걷는 바보들이라는 말을 믿지 않습니다. 우리는 그렇게 비틀거리면서도 카이저의 독일, 소비에트 러시아, 나치 독일 등의 그 모든 도전들을 극복하는 데 성공했고 결국 더 나은 위치에 오를 수 있었습니다. 따라서 나는 새 세기에도 미국이, 또는 북아메리카가, 다시 비상한 모델을 창출할 것이라고 믿습니다. 미국은 세계 모든 지역 사람들을 끌어들여 운영하는 최초의 보편적 국가입니다. 인종도 다르고 신념도 종교도 다른 세계 모든 나라 사람들이 모여들어 각자 재능을 발휘하며 일종의 보편적 꿈을 형성합니다. 그러한 일이 일어나는 나라가 미국이고 전 세계 모든 나라 사람들을 끌어들일 수 있는 나라가 미국입니다.

이 디베이트의 우리 쟁론자들을 보세요. 네 명 중 세 명, 즉 퍼거슨 교수와 저, 그리고 키신저 박사님은 미국에 이주해 들어가서 성공한 사람들입니다. 우리가 성공할 수 있었던 것은 미국이 세계의 모든 재능 있는 사람을 따뜻이 환영해주는 나라이고 또 그들이 각자 원하는 영역에서 성공하는 것을 허용해주는 나라이기 때문입니다. 지금 퍼거슨 교수가 하고 있는 것처럼, 미국을 깎아내리는 일까지를 포함해서 말입니다. 그러므로 여러분, 잘 생각해보시기 바랍니다. 우리가 우리 자신에 대한 믿음을, 자유롭고 개방된 사회의 힘에 대한 믿음을 잃어버리는 것보다 더 잘못하는 일이 있을까요? 맞아요, 우리는 우리 경제를 바로잡아야 합니다. 우리가 안고 있는 문제들을 모두 바로잡아야 합니다. 미 의회예산처는 앞으로 15년만 지나면 국가 채무를 다 갚을 수 있다는 전망을 내놓은 바 있습니다. 그런데 그것이 10년 전이었습니다. 이제 그들은 사정이 더 악화될 것이라는 전망을 내놓고 있습니다. 그들의 전망이 맞을까요? 지금 제가 말하는 바의 요점은, 자유롭고 개방된 사회에 대한 믿음을 잃지 마시라는 겁니다. 당신의 표에 당신의 마음을 담아주십시오.

그리피스　마지막으로 퍼거슨 교수의 클로징 스피치입니다. 부탁합니다.

니얼 퍼거슨 신사 숙녀 여러분, 우리는 지금까지 중국이 다른 아시아 나라들이 겪은 바를 되풀이할 것이고 결국 정체할 것이라는 이야기들을 들어왔습니다. 그러나 지금까지 중국은 그 어떤 아시아 나라보다 나은 성과를 보여 왔습니다. 중국은 아시아의 그 어떤 나라보다 빠른 속도로 거대한 산업혁명을 달성했고 수억 명의 인민을 가난으로부터 해방시켰습니다. 저는 리 소장의 말에 동의하지 않습니다. 중국의 변화·발전 스토리가 절반쯤 끝났다고 생각지 않아요. 4분의 1쯤이나 끝났을까요? 앞으로 훨씬 더 많은 변화가 기다리고 있는 겁니다.

제가 지적하고 싶은 두 번째 점은, 서방이 안고 있는 문제들이 자카리아 씨가 방금 묘사한 것보다 훨씬 심각하다는 것입니다. 그리고 그 가장 큰 문제 가운데 하나는 서방이 자기만족에 빠져 있다는 겁니다. 아시다시피 유로존은 해체의 길을 가고 있습니다. 단일 통화의 실험이 실패로 돌아가고 있는데, 그것은 주로 민주주의의 요람국(搖籃國) 그리스의 지불 불능 때문입니다. 아시다시피 미국의 공공 재정 상태는, 누구나 조금만 계산기를 두드려보면 알 수 있습니다만, 그리스의 재정이 2년 전에 처해 있던 거의 그 상태에 있습니다. 채무 과다 상태의 나라가 어떤 길을 갈 것인지는 어느 나라나 다를 바 없습니다. 언제 재정 위기가 미국을 엄습할 것인가 — 이것은 시간문제일 뿐이며, 그때 그 재앙의 크기는 우리가 듣지도 보지도 못했던 엄청난 수준일 것입니다.

여러분, 이런 생각을 해보신 적 있나요? 만약에 말입니다. 100년 전에 이런 종류의 디베이트가 개최되었고 그 논제가 "20세기는 미국의 것일까?"였다면, 거기에 찬성표를 던질 사람이 있었을까요? 그런 물음은 그 어떤 쟁론자에게나 정말이지 터무니없는 것으로 생각되었을 겁니다. 영국 출신 쟁론자는 이렇게 말했을지도 모릅니다. "저렇게 보잘 것 없는 군사력을 가진 저 양키들 말인가요? …… 그래요, 저들의 경제 규모는 큽니다. 그러나 저들이 안고 있는 사회문제들을 보세요. 저 더럽고 가난한 도시민들을 보세요!"라고요. 우리는 이 디베이트에서 중국이 비틀거리다 넘어질 것이라는 이야기를 많이 들었는데, 1911년의 사람들이 장차 미국이 그럴 것으로 생각할 이유를 찾기는 매우 쉬웠을 겁니다. 그러나 미국은 아시다시피 무너지지 않았어요. 경제적 파워가 먼저 왔고 그 다음 지정학적 권력이 왔습니다.

구절 하나를 인용함으로써 제 이야기의 결론을 대신할까 합니다. "만약 중국이 경제적 유대관계를 점진적으로 확장해간다면, 만약 조용히 온건하게 행동하면서 영향력의 범위를 서서히 확장해간다면, 그리하여 세계에 대해 우호관계를 확대하고 영향력을 증진시키는 것만을 추구해간다면, 만약 중국이 걸핏하면 완력을 휘두르는 교만한 미국에 대한 대안으로 스스로를 조용히 포지셔닝해 나간다면, 그때 미국은 어찌할 것인가? 과연 중국에 대항할 수 있을까? 이것이 미국이 풀어야 할 과제다. 그러나 미국은 아직 풀 준비가 되어 있지 않다." 신사 숙녀 여러분, 이것이 누구의 말일까요? 바로 자카리아 씨의 말입니다. 그리고 바로 이것이 21세기는 중국의 것이라고 말해야 할 이유입니다. 따라서 찬성표를 던지는 것이 맞습니다.

그리피스 이번 시즌에 우리는 더할 나위 없이 치열한 논전을 지켜보았습니다. 이 대목에서 저는 멍크 씨가 몇 번인가 이야기했던 말을 다시 꺼내고 싶군요. 무슨 말이냐 하면, 이 네 분 중 누구라도 연단에 올라와 전통적인 방식으로 강연하시는 것을 듣는 것은 그 자체로 유익한 일입니다. 그러나 오늘 이 디베이트에서처럼 지성과 지성이 훌륭한 언변으로써 자신이 믿는 바를 제시하며 논전을 벌이는 것을 지켜보는 것은 그것과는 분명

다른 어떤 것이었습니다.

마지막으로 한 마디 덧붙이겠습니다. 저는 오늘 키신저 박사님이 이 디베이트를 위해 88년 동안이나 당신의 특별한 대중적 재능을 감춰 오신 것이 아닌가 하는 생각이 들었습니다. 박사님, 정말 탁월하셨습니다. 감사합니다.

이날 저녁 디베이트가 시작되기 전의 투표에서는 논제("21세기는 중국의 것일까?")에 찬성한 사람이 39%, 반대한 사람이 40%, 모르겠다고 대답한 사람이 21%였다.

디베이트 종료 직후의 투표 결과는 상당히 다른 양상을 보여주었다. '모르겠다'를 선택한 사람이 사라졌고, 38%가 찬성표, 62%가 반대표를 던진 것으로 나타났다.

헨리 키신저와의 대담

"Henry Kissinger in Conversation," by John Geiger(2011).

≪글로브앤메일(Globe and Mail)≫로부터 허락을 얻어 전재

존 가이거　최근에 박사님의 『헨리 키신저의 중국 이야기』를 읽었습니다. 참 재미있게 읽었는데요, 책에 나오는 "다섯 가지 미끼로 이적(夷狄)을 관리한다"*라는 고대 중국의 전략이 오늘날에도 사용되고 있나요?

헨리 키신저　어느 정도까지는 그렇다고 말할 수 있을 겁니다. 솔직히 말해 그 다섯 가지가 어떤 것들인지 정확하게 기억하지는 못하겠습니다만, 19세기에 유럽인들이 중국을 침략하기 시

---

*　한조(漢朝)에서 사용한, 변경의 침략자들에게 멋진 옷, 수레, 좋은 음식, 음악, 노예 따위를 주어 그들을 '부패'시키려 시도했던 책략.

작했을 때의 중국의 대응책이 그런 것들이었습니다. 그런데 그
것의 기원은 고대 중국에까지 거슬러 올라갑니다. '전략'에 대
한 중국인의 태도와 서방인의 태도 사이에 근본적인 차이가 있
는데, 무엇이냐면 서방은 전략의 초점을 상대방의 전쟁 수행 능
력에 맞추는 데 비해 중국인들은 전략의 초점을 상대방의 심리
에 맞춘다는 것입니다. 그래서 그들은 상대방의 사절(使節)을 다
루는 데에서 눈에 보이지 않는 많은 것에 주의를 기울입니다.

존 가이거　경제적 힘과 지정학적 영향력은 병행하는 것이라고
봐야지요?

헨리 키신저　반드시 그런 것은 아닙니다. 사우디아라비아의 예
를 봅시다. 이 나라의 경제력은 크지만 지정학적 영향력에서는
그리 크지 않잖아요?

존 가이거　2020년에는 중국의 GDP가 미국을 추월할 것입니
다. 그럼에도 박사님은 왜 21세기가 중국의 것이 될 것이라는
주장에 반대하시나요?

헨리 키신저 한 가지 이유는, 중국이 그 GDP를 미국보다 훨씬 더 많은 수의 국민들에게 나눠줘야 하기 때문입니다. 무려 13억의 국민들에게 나눠줘야 하기 때문에 중국의 1인당 GDP는 미국보다 훨씬 적어지지요. 사람들 가운데 중국이 우리보다 더 빠른 열차를 가졌다는 등속의 지표를 인용하는 사람이 많은데, 물론 열차를 이용하는 중국인들은 미국인들에 비해 더 편안한 여행을 즐길 수 있겠지요. 그러나 그런 것이 반드시 국제적 영향력의 바로미터가 되는 것은 아닙니다.

외교 구조와 관련된 국제적 영향력에는 그 밖의 많은 요소가 관련됩니다. 그러므로 저는 중국이 패권국가가 되도록 운명지어져 있다는 생각에 전혀 동의하지 않습니다. 그리고 저는 한 걸음 더 나아가, 우리는 패권 문제가 모든 관계에 그림자를 드리울 수 없는 단계까지 나아가야 한다는 말씀을 덧붙이고 싶어요. 왜냐하면 양국의 어느 쪽도 패권을 잡을 수 없을 것이기 때문이고, 어느 한 쪽이 패권을 잡으려 들 경우 야기되는 충돌은 자칫 전체 국제 체제를 무너뜨릴 것이기 때문입니다.

존 가이거 그렇다면 중국은 미국에 대해 단지 경제적 도전자에 그칠까요? 박사님은 '충돌'이란 말을 쓰셨는데, 문화적 도전 또는 군사적 도전도 가능할까요?

헨리 키신저   중국은 분명 경제 분야에서 경쟁자가 될 것입니다. 그리고 중국은 국제관계에 대해 거의 틀림없이, 저는 '틀림없이'라는 말을 쓸 수 있다고 생각하는데요, 틀림없이 자신의 정치적 견해를 갖고 있습니다. 그러나 군사적 충돌의 방법은 우선순위에서 한참 뒤로 밀릴 것으로 생각하고 싶습니다. 저는 양측의 지도자들이 상호 관계에서 그런 방법을 근본적으로 배제할 수 있는 마음 상태에 도달하는 것이 가능하다고 생각하고 싶어요.

존 가이거   미국은 세계에서 가장 강력한 소프트 파워를 갖고 있습니다. 또한 그 가치 체계를 해외에 판매할 능력을 갖고 있습니다. 전 세계를 상대로 거대한 문화적 영향력을 행사해온 것이 분명하지요. 박사님께 묻겠는데요, 중국이 이 방면에서도 미국에 도전할 수 있다고 보십니까?

헨리 키신저   노(No)입니다. 저는 중국이 소프트 파워 면에서 우리를 능가한다는 것은 중국인의 언어 구조를 볼 때 또는 중국의 현 기술 구조를 보더라도 달성하기 대단히 어려운 목표라고 생각해요. 그리고 그것이 21세기는 중국의 것이라는 명제를 제가 받아들이지 않는 이유의 하나입니다. 소프트 파워의 모든 발명품, 즉 페이스북, 구글, 트위터 — 이 모든 것들은 미국에서 나왔습니다. 세계 최우수 대학 25개 가운데 중국 대학은 단 한 개인 것으로 기억합니다. 그 나머지 대부분은 미국 대학들이에요. 따라서 창조적 잠재력으로 말하면 미국이 아직도 거대한 자산을 갖고 있는 겁니다.

존 가이거   21세기를 중국과 미국이 함께 관리하는 겁니까, 아니면 훨씬 다극적인 세계가 될까요?

헨리 키신저   나는 전자에 동의하지 않습니다. 중국과 미국은 긴밀히 상의해야 하며 대결 상태에 빠져들어서는 안 됩니다. 그러나 동시에 양국은 그들이 세계를 운영한다는 인상을 주어서는 안 됩니다. 왜냐하면 그들 외에도 한 역할을 해야 할 큰 나라들, 예를 들어 인도 같은 나라들이 있으니까요. 그러나 세계는 이제 아주 다극화되어 있고 또 제기되는 이슈들이 흔히 국제적 성격을 갖고 있어, 미·중이 아무리 강국이라 하더라도 그들이 원하는 것을 다른 나라들에 부과하려 들 경우 일정한 반작용을 불러일으킬 것이고 결국 목표 달성에 실패하는 경우가 많아질 것입니다.

존 가이거 박사님은 이 세계의 많은 것을 보셨고 국무장관을 그만두신 후로도 세상이 엄청나게 변화하는 것을 지켜보셨는데요, 박사님 보시기에 지금이 국무장관으로 계실 때보다 더 나은 세계라 할 수 있나요?

헨리 키신저 오늘의 세계는 40년 전과는 완전히 달라졌지요. 물론 제가 현직에 있을 때는 컴퓨터란 것이 없었습니다. 휴대폰도 없었고요. 그렇지만 당시 제 승용차에 긴급 상황용 무전기가 설치되어 있어서 어쨌든 세계 어느 곳이나 연결은 가능했습니다. 30년 전에 회고록을 쓸 때는 사무실에서 타이프라이터와 복사용지를 사용했었지요. 화상 회의 같은 것은 전혀 몰랐습니다. 그래서 저는 사람들을 만나러 계속해서 날아다녀야 했습니다.

　서로 다른 대륙에 있는 사람들 간에 소통하는 방법과 관련하여 일부 문제는 변함없는 상태로 남아 있습니다. 지금이 더 나은 세상이냐고요? 정보를 수집하는 것과 관련해서는 30년이나

40년 전에는 상상도 할 수 없었던 것이 지금은 가능해졌습니다. 그러나 이미 알고 있는 것들을 종합하는 능력과 관련해서는, 모든 것을 버튼 하나 눌러 입수할 수 있게 된 까닭에 다방면적으로 사고하도록 정신을 연마하기가 어려워진 것 같아요. 아무튼 우리는 인류 역사상 완전히 새로운 시기에 들어와 있습니다.

존 가이거 박사님의 경험에 따르면 중국인들에게 캐나다의 이미지는 미국의 그것과 다른가요? 중국인들에게 캐나다는 어떻게 비치고 있나요?

헨리 키신저 내가 받은 인상으로는, 중국은 캐나다와 경제적으로 긴밀한 관계를 맺을 수 있다고 보는 것 같았어요. 왜냐하면 이곳에서 획득한 자산들이 정치적으로 이용되지 않을까 하는 걱정을 덜 해도 된다고 생각하기 때문입니다. 다만 정치적인 이슈들과 관련해서는, 중국인들이 캐나다를 자국과 가까운 나라로 보기보다 미국과 가까운 나라로 볼 것으로 생각합니다. 틀림없이 그럴 거예요.

존 가이거 박사님이 미국의 대중국 관계에서 결정적인 돌파구를 여실 때 박사님은 우리 캐나다의 트뤼도 총리가 이미 중국과 일정한 교섭을 진행했다는 것을 알고 있었나요? 캐나다가 이미 이뤄 놓은 것이—

헨리 키신저 아, 그런 일이 있었지요. 트뤼도 총리는 제 친구였다고 할 수 있고, 제가 높이 평가하는 사람이었습니다. 그리고 제가 한때 대학 교수였기 때문에 다른 미국 관리들보다 저를 친절하게 대해주었죠. 그래서 그의 심중에 중국이 들어 있다는 것을 저도 알고 있었습니다. 그러나 우리 미국인들에게서의 중국은, 국가 차원에서의 말입니다만, 캐나다 사람들에게서의 중국과 달랐습니다. 우리에게 그것은 그때까지 오래 지속되어온 정책을 뒤집어엎는 것을 의미했습니다. 저는 우리가 하려는 것을 트뤼도 총리가 환영할 것이라고 알고 있었습니다. 저는 자주 트뤼도 총리와 연락을 주고받았고, 제가 현직을 떠난 뒤로도 그랬습니다. 오히려 현직을 떠난 다음에 더 자주 만났다고 해야 할 거요.

존 가이거 박사님은 최근의 '아랍의 봄' 같은 사태가 중국에 또는 그 밖의 아시아 나라들에 일어날 수 있다고 보십니까?

헨리 키신저　먼저 우리는 ''아랍의 봄'이 무엇을 만들어내는가를 보아야 합니다. 폭동이나 시위가 일어날 수 있을까요? 거의 매달 그런 것이 일어나긴 합니다. 왜냐하면 중국이 경제적으로 변화하면서 중국 인민들 사이에 불만이 커지고 있으니까요. 이것은 불가피한 일입니다. 그러나 '아랍의 봄' 같은 대규모의 뭔가가 중국에 일어날 것으로 저는 보지 않습니다.

존 가이거　그것이 문화적인 이유 때문일까요, 즉 중국 문화 때문일까요? 아니면 불만이 상대적으로 더 작기 때문일까요?

헨리 키신저　인민들 사이에 불만이 있습니다. 그러나 그들은 그들이 원하는 바를 민주주의적 수단을 통해서가 아니라 시간이 흘러가면 얻을 수 있다고 믿고 있는데, 그러한 믿음에는 이유가 있다고 보아야 할 것입니다. 어쨌든 중국의 현 총리조차 얼마간의 정치 개혁은 필수적이라는 것을 표명한 바 있습니다.

데이비드 리와의 대담

"David Li in Conversation," by John Geiger(2011).
≪글로브앤메일(Globe and Mail)≫로부터 허락을 얻어 전재

존 가이거 소장님이 보건대 중국은 미국과 서방에 대해 단지 경제적 도전자가 되는 데 그칠까요, 아니면 문화적 도전자가 될 가능성도 있다고 보십니까?

데이비드 리 그런데요, 저는 '도전자'라는 단어 자체가 마땅치 않습니다. 도전자라는 단어 사용 자체를 강력히 반대하고 싶어요. 중국의 경제적 부상은 나머지 나라 사람들에게 전적으로 새로운 수많은 사업 기회를 제공하고 있다는 것은 사실이잖아요? 물론 중국의 경제적 부상 때문에 일부 사람들, 예를 들어 노스캐롤라이나의 제화공 또는 시카고나 일리노이 주의 철강노동자들이 고통스러운 조정 과정을 감수해야 할 수는 있죠. 그것은 미국이나 캐나다 정부가 대내적으로 잘 처리해야 할 문제입니다. 우리는 지금 경제의 영역에서 글로벌한 차원의 변화를 겪고 있습니다. 이 변화는 대단히 전면적인 변화이고 또 긍정적인 변화입니다. 하지만 이것이 어떤 나라들에 대해서는 일정한 내부적 조정을 강요하고 있는 것도 사실이지요. 정치적인 측면에서는, 저는 중국의 경제적·정치적 부상이 미국의 지배에 도전이 될 것으로 생각하지 않습니다.

존 가이거 군사적 측면에서는 어떻습니까?

데이비드 리 군사적 측면에서도 마찬가지라고 생각합니다. 중국이 지금까지 30년 동안 거대한 변화를 이뤄냈는데요, 이 변화의 근원이 무엇인가를 이해하기 위해서는 역사를 거슬러 올라가야 합니다. 170년 전으로 돌아가야 합니다. 당시 두 문명이 일대 충돌했습니다. 한쪽은 내부 지향적이고 그다지 혁신적이지 못했던 중국의 문화와 문명이었고, 다른 한쪽은 매우 모험적이고 매우 혁신적이었으며 때로는 공격적이었던 서방의 문화였습니다. 그런데 그 충돌은 게임거리도 되지 못했지요. 중국 문화와 당시 중국 정부 측의 완패였습니다. 그것은 중국인들에게 커다란 굴욕이었고, 그 굴욕감은 지금도 남아 있습니다. 그것은 중국인들의 대응 행동들을, 때로는 지나친 대응 행동들을 불러일으켰습니다. 다시 말해 오늘날 중국의 변화 또는 진보를 향한 에너지는 이러한 굴욕감에서 나옵니다.

중국인들의 꿈이 복수에 있었던 적은 한 번도 없습니다. 미국의 세계 지배에 변화를 가져오겠다는 꿈을 꾼 적도 없습니다. 중국인들의 꿈은 오히려 부활하는 데 있습니다. 예를 들어 당조(唐朝) 같은 옛 중국의 문명이 얻었던 존중과 지위 그리고 그것이 누렸던 자기만족적 성격을 되살려내는 데 있습니다. 우리 중국인들은 미국과 또는 그 밖의 나라들과의 협력 속에서 국제문제를 풀어 나가는 새로운 패턴을 창출하는 것이 꿈입니다.

존 가이거 소장님이 보건대 중동의 '아랍의 봄'이 궁극적으로 아시아나 중국에도 영향을 미칠까요? 개방을 요구하고 더 많은 민주주의를 요구하고 인권 보장을 외치는 중동 사람들의 행동 말입니다. 그들의 행동이 중국에 영향을 미칠까요?

데이비드 리 음, 경제가 발전하고 생활수준이 개선됨에 따라 인민들이 더 많은 표현의 자유를 요구하고, 공공 의제의 형성에

121

더 많이 참여하고 의사 결정에 더 많이 참여할 권리를 요구하는 것은 자연스러운 일입니다. 좋은 일이지요. 아주 자연스러운 일입니다. 중국 바깥에서 어떤 일이 벌어지는가에 상관없이 이미 중국 안에서 그러한 일들이 있어왔습니다. 좋은 일입니다. 그리고 그러한 행동들은, 앞으로 2, 3년 동안에 특히 그럴 것인데, 어느 정도의 긴장, 사회적 긴장을 야기할 것입니다. 중국의 어떤 곳, 어떤 지역에서는 얼마간의 작은 문제들이 발생할 수도 있지요. 불가피한 일이라고 생각합니다. 그런데 그러한 상황이 일어날 수 있다는 것에 대해 많은 중국인이 충분히 알고 있다고 생각합니다.

그렇지만 중국 인민들, 특히 젊은이들을 붙잡고 지난 170년 동안에 어떤 일들이 일어났는가를 들려주기만 하면, 즉 그들에게 큰 그림을 보여주기만 하면, 그들은 곧 중국이 마침내 부흥의 길에 들어섰다는 것과 그 길을 걷다보면 일반적으로 더 큰 자유가 주어지리라는 것을 알게 될 것입니다. 중국이 가는 길이 무너져서는 안 됩니다. 중국이 돌아가는 길을 택해서도 안 됩니다. 따라서 인민들은 이해하고 인내하며 변화가 올 때를 기다리고 있습니다. 그러므로 저는 우리가 가는 길에 큰 탈이 날 것으로 보지 않습니다. 작은 사회적 이슈들이 계속 발생할 것이고 또 지역에 따라서는 소요도 일어날 수 있다고 생각하지만, '끊임없는 변화'라는 큰 흐름에 이상은 없을 것이라고 믿습니다.

존 가이거　중국과 미국이 21세기를 지배할 수 있을까요? 아니면 다극화된 세계, 대등한 여러 나라로 구성된 세계로 갈 가능성이 더 클까요?

데이비드 리　나는 세계는 변하고 있다고, 미국의 지배는 거의 틀림없이 끝났다고 말하고 싶습니다. 새 세계에서는 여러 세력이 존재할 것이고, 거기에 중국의 경제적·정치적 목소리들도 존재할 것입니다. 새 세계에서 중국은 결단코 패권을 추구하지 않을 것입니다. 미국과의 공동 패권도 추구하지 않습니다. 패권 추구는 우리 중국 문화의 유전 인자가 아닙니다. 그것은 중국의 유교적 전통에 들어 있지 않아요. 중국의 관심은 국내 이슈들을 안정적으로 관리하는 데에 있습니다. 국내 이슈들을 잘 처리하고, 그것을 토대로 해서 다른 나라들과 협력하고 함께 일해 나갈 것입니다. 이것이 이 문제에 대한 중국의 입장입니다.

　중국은 지금까지 미국을 포함한 세계의 여러 나라와 협력해 왔고 또 많은 나라를 도와왔습니다. 예를 들어 세계 금융위기 때 중국은 미국에서 재무성 채권(Treasury bond)의 발행 한도 철폐에 관한 논쟁이 벌어지고 있었음에도 시장에 내다 팔지 않았습니다. 중국 정부는 보유하고 있는 막대한 물량을 내놓지 않았어요. 그리고 금융위기가 절정에 달했던 시기에 런민비는 달러화 대비 평가절하되지 않았습니다. 이것은 사실입니다. 금융위기가 절정에 달했을 때 많은 나라에서 달러화 대비 화폐 평가절하 조치를 취했거든요. 이것은 협력의 태도, 이해의 자세를 보여주는 사례들입니다. 저는 양측이 협력하지 않으면 안 된다고 생각하며, 21세기는 모두 서로 협력하며 살아가는 다극적 세계가 되었으면 좋겠습니다.

존 가이거 지난 10년래 소비자 만족도가 가장 높은 제품의 하나가 아이폰입니다. 아이폰은 사람들이 서로 소통하는 방법과 소통하는 도구에 일대 혁명을 가져왔어요. 아이폰은 중국에서 제조되긴 하지만 물론 미국에서 개발된 것입니다. 중국은 제조 능력은 대단히 큰 것이 분명하지만 애플사 또는 애플의 스티브 잡스가 해냈던 식의 혁신을 해낼 수 있을까요? 그런 혁신 능력이 중국의 DNA에도 있을까요?

데이비드 리 음, 일반적으로 말한다면 좀 기다려달라고 말할 수밖에 없네요. 중국이 경제적으로 일어나기 시작한 지는 이제 33년밖에 안 됩니다. 지난 150년을 놓고 보면 중국은 큰 나라로서 서구 나라들만큼이나 진보해왔습니다. 이미 거대한 진보를 이룩했지요. 그리고 혁신에는 시간이 걸립니다. 혁신이 일어나기 위해서는 젊은이들을 여러 해 동안 교육시키는 것이 필요하고, 벤처 캐피탈이나 사모 펀드 등등과 같은 지원 제도들을 세우는 데에도 여러 해가 걸립니다. 모든 것이 점차적으로 발전하는 것이지요.

저는 우리 학생들의 얼굴에서 혁신을 향한 의지, 애플이나 마이크로소프트 같은 회사를 세우겠다는 의지를 읽습니다. 분명히 읽혀져요. 그러므로 저는 일반적으로 말해 중국에도 혁신이 오고 있다고 확신합니다. 다만 좀 기다려야 합니다. 이상의 말을 전제로 하면서, 그러나 우리 중국에서는 그 혁신이 매우 다른 형태를 띨 것이라고 예견합니다. 왜냐하면 사회와 경제의 관리 방식이 다르기 때문이지요. 이 말은 가장 혁신적이고 혁명적인 제품은 계속해서 미국에서 나올 것이라는 뜻입니다. 미국에서는 대단히 창조적인 기업가들이, 심지어는 '미쳤다'는 소리를 듣는 사람조차, 자유롭게 자신을 표현하고 성장할 수 있으니까요. 그러나 우리 중국은 그런 종류의 '미쳤다'는 소리를 듣는, 극단적으로 혁신적인 사람들을 위한 토양을 갖고 있지 않거든요. 이것이 미·중 두 나라 시스템의 차이입니다.

따라서 앞으로의 중국은 사회 운영 모형의 한 대안(代案)을 제공할는지 모릅니다. 어떤 모형이냐 하면, 상대적으로 말해 개인의 자유보다 사회 복지, 사회적 안정성에 더 무게가 두어지는 모형이지요. 미국은 그 반대고요. 따라서 미국 시스템의 상대적 강점은 극히 혁신적이라는 데 있습니다. 다만 우리가 잊지 말아야 할 것은, 그 놀라운 혁신성의 대가로 아마 아주 많은 사람이 뒤처지게 된다는 것입니다. 다시 말해 어떤 기준에서 보더라도 엄청난 규모의 불평등이 그 사회에는 존재하게 된다는 것이지요. 세상에 두 개의 선택 가능한 모형이 있습니다. 미국과 중국 두 나라는 다른 나라들에게 서로 극단적으로 다른 두 가지 모형을 제공합니다.

존 가이거 요즘 세계 각국에서는 소프트 파워의 중요성에 대한 인식이 커지고 있습니다. 그리고 소프트 파워는 미국이 아주 큰 힘을 발휘하고 있는 영역임에 틀림없지요. 미국의 문화가 세계에 퍼져 있고 미국의 가치가 세계에 수용되고 있습니다. 중국도 세계에 대해 비슷한 역할을 수행할 수 있을까요? 소장님은 중국도 궁극적으로는 미국과 같은 방식으로 소프트 파워를 행사할 것으로 보시나요?

데이비드 리 음, 중국의 소프트 파워도 틀림없이 증가할 것입니다. 앞으로 중국의 영향력이 증대하리라는 것은 분명합니다. '멍크 디베이트'가 중국의 미래를 주제로 디베이트를 벌이고 있다는 사실, 그리고 중국에 사는 제가 이 대단히 중요한 행사에 초청을 받았고 또 당신과 인터뷰하고 있다는 사실 자체가 세계에 대한 중국의 영향력이 커졌다는 것을 반영하는 것이지요.

이상의 말을 전제로 하고, 그러나 소프트 파워의 영역에서 중국이 미국과 경쟁한다는 것은 중국의 지식인 사회나 중국 정부의 목표가 아니라는 것을 강조하고 싶습니다. 소프트 파워는 중국이 국내 문제들을 잘 다뤄낼 때 자연스럽게 증가할 것입니다. 우리가 국내 문제들을 잘 다뤄낸다면 그것은 세계의 수많은 가난한 사람들에게 하나의 롤 모델을 제공하는 것으로 될 것입니다. 그때 그들은 우리를 보고 "중국을 봐, 우리처럼 자원도 없고 극빈한 나라들이 근대화를 이룰 길을 보여주고 있지 않은가!"라고 말할 것입니다. 그렇게 되면 중국의 소프트 파워가 커지는 것이지요. 우리는 군사적 지배력을 강화하거나 또는 서둘러 멋진 영화를 만들고 우리의 문화 가치를 전파하는 것을 통해 소프트 파워를 키울 생각이 없습니다. 우리는 행동을 통해, 순수한 목소리를 통해 키워갈 것입니다. 모범을 보임으로써 말입니다.

존 가이거 오늘날 중국인들은 캐나다에 대해 어떻게 생각하고 있나요?

데이비드 리 캐나다에 대한 인상은 아주, 아주 긍정적입니다. 개방적인 문화를 갖고 있고 자원이 풍부하며 경제적으로 중국이 부족한 부분을 채워줄 능력을 갖고 있으니까요. 다만 중국의 젊은이들 가운데 캐나다의 문화와 미국 문화 사이에 차이를 느끼지 못하는 사람이 많다는 것은 인정해야겠네요.

존 가이거 캐나다 사람들도 그 차이를 잘 알지 못하지요.

데이비드 리 그렇지요. 그렇기 때문에, 불행한 일이지만, 미·중 간 갈등에서 오는 부담을 캐나다 사람들도 나눠 짊어지는 측면이 있습니다. 저는 캐나다를 탓하고 싶지 않아요. 모두 미국의 책임으로 돌려야 할 것입니다.

존 가이거   그러나 중국 사람들 사이에는 캐나다가 미국과 너무 가깝다는 생각이 뚜렷하지요?

데이비드 리   그런 생각은 점차 무뎌져 가고 있습니다. 두 나라 사이에 문화적·교육적 교류가 증대됨에 따라 캐나다인은 미국인과 다르다, 캐나다는 미국과 다르다고 생각하는 중국인이 늘고 있지요. 예를 들면 캐나다 출신으로 중국에 와서 큰 인기를 누리고 있는 코미디언들이 많이 있어요. 그들은 희극 영화나 TV 쇼에 나와 중국말로 사람들을 웃깁니다. 그들 덕분에 이제 중국의 평범한 사람들도 캐나다에 대해 더 많은 것을 알게 되었지요.

존 가이거   옛날에 우리는 노먼 베쑨(Norman Bethune) 같은 사람을 중국에 보냈는데 이제는 코미디언들을 보내고 있다 …….

데이비드 리   맞아요, 노먼 베쑨 ……, 우리 나이의 사람이라면 대부분 그 분을 알고 있지요. 마오쩌둥 주석이 그 분을 회고하며 쓴 글[*]을 누구나 기억하고 있지요.

---

* 마오쩌둥이, 노먼 베쑨이 사망한 1939년에 쓴 「노먼 베쑨의 추억(In Memory of Norman Bethune)」을 가리킨다. 캐나다 의사 노먼 베쑨의 '절대적인 이타 정신'에 대해 마오쩌둥이 찬양하여 쓴 이 글은 중국의 모든 학생들에게 읽혔다.

감사의 말씀

'멍크 디베이트'는 공공 정신이 투철한 일군의 단체와 개인들의 뜨거운 열정의 소산이다. 이 '디베이트'는 무엇보다 오리아 재단(Aurea Foundation)의 비전과 리더십이 없었다면 존재할 수 없었다. 피터 멍크와 멜라니 멍크 부부에 의해 2006년 설립된 오리아 재단은 공공 정책(public policy)의 연구·개발에 종사하는 캐나다의 개인과 단체들을 지원해왔다. '멍크 디베이트'는 오리아 재단의 대표 사업으로, 캐나다가 세계에 제시할 수 있는 공공 정책에 대한 대화의 한 모형이다. 재단은 2008년부터 연 2회 이 '디베이트'를 개최하는 데 소요되는 일체의 비용을 지원해왔다. '디베이트'는 Mark Cameron, Andrew Coyne, Devon Cross, Allan Gotlieb, George Jonas, Margaret MacMillan, Anthony Munk, Janice Stein 등 자문위원단으로부터의 귀중한 조언들에 빚진 바 크다.

'멍크 디베이트'는 설립 초부터 매 디베이트의 토론 내용들을 국내 청취자뿐만 아니라 세계의 청취 희망자들에게 전달하는 것을 추구해왔다. '디베이트'는 캐나다 전국 일간지 ≪글로브앤메일(Globe and Mail)≫과의 제휴 관계 및 그 주필인 존 스택하우스(John Stackhouse)의 조언들에 힘입은 바 대단히 크다.

이 뛰어난 책의 출판을 맡아 '디베이트'의 내용이 캐나다 및 세계의 더 많은 사람들에게 알려지게 해주신 House of Anansi Press사(社) 관계자 여러분께 감사드린다. 특히 열의로써 이 책을 기획하시고 또 구어체 논쟁을 인상적인 지적 문장으로 바꿔 쓰는 데 적절한 방침을 주신 출판사의 스코트 그리핀(Scott Griffin) 회장님과 사라 맥라클런(Sarah MacLachlan) 사장 겸 발행인께 우리 조직위원회에서 각별한 감사를 표하고 싶다.

쟁론자 소개

니얼 퍼거슨은 하버드대 역사학과의 'Laurence A. Tisch 스칼러십' 교수 겸 하버드 경영대학원 MBA 과정의 'William Ziegler 스칼러십' 교수이다. 또한 옥스퍼드대 지저스 칼리지(Jesus College)의 시니어 리서치 펠로우이고, 스탠포드대 후버연구소(Hoover Institution)의 시니어 펠로우이기도 하다. 퍼거슨은 많은 베스트셀러를 냈는데 그 가운데 『금융의 지배』가 포함된다. 최근 저서 『시빌라이제이션』은 캐나다에서 2011년 11월에 출간될 예정으로 있다. 퍼거슨은 또 ≪파이낸셜타임스≫의 객원 편집자 겸 ≪뉴스위크≫의 시니어 칼럼니스트로서 현대 정치와 경제에 대해 수많은 해설 기사를 써왔다.

헨리 키신저는 1973년부터 1977년까지 미국 제56대 국무장관이었다. 그는 지정학에 관한 한 세계에서 가장 영향력 있는 해설자의 한 사람이다. 공복(公僕)으로 있는 동안 그가 성취한 가장 큰 일의 하나가 미국과 중국 양국의 역사에서 결정적인 분기점에 해당되는 시기에 양국 관계를 정상화하는 데 기여한 것이다. 그는 정부직을 떠난 뒤 국제문제 자문 기관인 Kissinger Associates를 설립하여 회장에 취임했다. 키신저 박사는 1973년에 노벨상을 받았고, 1977년에는 미국 대통령 훈장(미국 민간인이 받을 수 있는 최고의 상)을 받았다. 그가 쓴 책은 10권이 넘는데, 최근에 쓴 책이 『헨리 키신저의 중국 이야기』이다.

데이비드 다오쿠이 리는 베이징에 있는 칭화대학(淸華大學) 경관학원(經管學院) 산하 '중국과 세계경제 연구센터(中國與世界經濟研究中心)'의 소장이다. 현재 경제 이행(移行), 기업 재무, 국제경제, 중국 경제 등에 대해 강의하고 있다. 리 교수는 하버드대에서 경제학 박사학위를 받았고, 중국중앙은행 화폐정책위원회의 학계 대표 3인 가운데 한 사람이다. 또한 베이징 시 인민대표의 한 사람이고 중국인민정치협상회의의 일원이기도 하다.

파리드 자카리아는 CNN의 간판 격 국제문제 프로그램인 <Fareed Zakaria: GPS>의 진행자이고 ≪타임≫의 무임소 편집자이기도 하다. 또한 국제적 베스트셀러인『자유의 미래』와 『흔들리는 세계의 축』의 저자이기도 하다. ≪에스콰이어(Es-quire)≫는 그를 "외교정책 자문가로서 그의 세대에서 가장 영향력 있는 인물"로 꼽았고, ≪폴린 폴리시≫는 2010년에 그를 세계 100대 사상가의 한 사람으로 선정한 바 있다. 자카리아는 ≪타임≫에서 일하기 전에 10년간 ≪뉴스위크≫ 국제판의 편집자로 일했다. 또한 ≪폴린 어페어≫의 편집장으로서 8년간 봉직한 바도 있다.

편집자 소개

러드야드 그리피스(Rudyard Griffiths)는 비즈니스 뉴스 네트워크의 TV 쇼 <Squeeze Play>의 공동 진행자이고 ≪내셔널포스트(National Post)≫의 칼럼니스트다. 또한 '멍크 디베이트(Munk Debates)'와 '사롱 스피커스 시리즈(Salon Speakers Series)'의 공동 연출자이기도 하다. 그리고 캐나다 최대의 '역사 및 공민생활 NGO'인 Historica-Dominion의 공동 설립자이기도 하다. 2006년에는 ≪글로브앤메일(Globe and Mail)≫에 의해 "40세 미만의 톱 40"의 한 사람으로 선정되기도 했다. 그리피스는 역사, 정치 및 국제문제에 관한 12권의 책을 편집한 바 있다. 그리고 그가 저술한 *Who We Are: A Citizen's Manifesto*는 ≪글로브앤메일≫에 의해 '2009년 최고의 책'으로 선정되었고 또한 Shaughnessy Cohen상의 정치 부문 저술상 최종 후보작이기도 했다. 현재 토론토에 거주하고 있다.

패트릭 루시아니(Patick Juciani)는 '멍크 디베이트'와 '사롱 스피커즈 시리즈'의 공동 연출자다. Donner Canadian Foundation의 집행이사를 역임한 바 있고, 경제 분야에 관한 두 권의 저술을 갖고 있다. 또한 매시 칼리지(Massey College)의 시니어 연구원이고, *XXL: Obesity and the Limits of Shame*의 공저자이다. 현재 토론토 거주하고 있다.

'멍크 디베이트'에 대하여

멍크 디베이트(Munk Debates)는 공공 정책에 관한 캐나다 최고급의 행사이다. 1년에 2회 개최되는 이 행사는 일급 사상가들에게 세계와 캐나다가 당면한 공공 정책적 이슈들에 대해 토론할 수 있는 국제적 포럼을 제공한다. '디베이트'는 토론토에서 청중 환시리(環視裏)에 진행되며 모든 과정이 국내 및 국제 미디어들에 의해 중계된다. 지금까지의 참가자는 다음과 같다. Robert Bell, Tony Blair, John Bolton, Paul Collier, Howard Dean, Hernando de Soto, Gareth Evans, Mia Farrow, Niall Ferguson, William Frist, David Gratzer, Rick Hillier, Christopher Hitchens, Richard Holbrooke, Henry Kissinger, Charles Krauthammer, Lord Nigel Lawson, Stephen Lewis, David Li, Bjørn Lomborg, Elizabeth May, George Monbiot, Dambisa Moyo, Samantha Power, Fareed Zakaria 등. '멍크 디베이트'는

오리아 재단의 프로젝트이다. 오리아 재단은 공공 정책에 대한 연구와 토론을 증진하기 위해 박애가인 피터 멍크와 멜라니 멍크 부부에 의해 2006년에 설립된 자선단체이다. 재단에 대한 더 자세한 정보를 얻으려면 www.munkdebates.com을 방문하시라.

옮긴이 소개

백계문은 서울대학교 법과대학을 졸업하고, 중앙대학교 대학원에서 교육학을 전공했다. 민주화운동가이자 정치활동가이다. 저서로는 『성공한 개혁가 룰라』(2011) 등, 역서로는 『김정은 체제』(공역, 2012) 등이 있다.

한울아카데미 1451

21세기 패자는 중국인가
세계적 석학 4인의 대논쟁

ⓒ 백계문, 2012

지 은 이 • 헨리 키신저, 파리드 자카리아, 니얼 퍼거슨, 데이비드 리
옮 긴 이 • 백계문
펴 낸 이 • 김종수
펴 낸 곳 • 도서출판 한울

편 집 • 김현대

초판 1쇄 인쇄 • 2012년 6월 5일
초판 1쇄 발행 • 2012년 6월 15일

주소(본사) • 413-756 파주시 문발동 535-7 302
    (서울사무소) • 121-801 서울시 마포구 공덕동 105-90 서울빌딩 1층
전   화 • 영업 02-326-0095, 편집 031-955-0606, 02-336-6183
팩   스 • 02-333-7543
홈페이지 • www.hanulbooks.co.kr
등   록 • 제406-2003-051호

Printed in Korea.
ISBN 978-89-460-5451-6 03340 (양장)
ISBN 978-89-460-4606-1 03340 (반양장)

* 책값은 겉표지에 표시되어 있습니다.